Maison Victorienne Livre de Coloriage

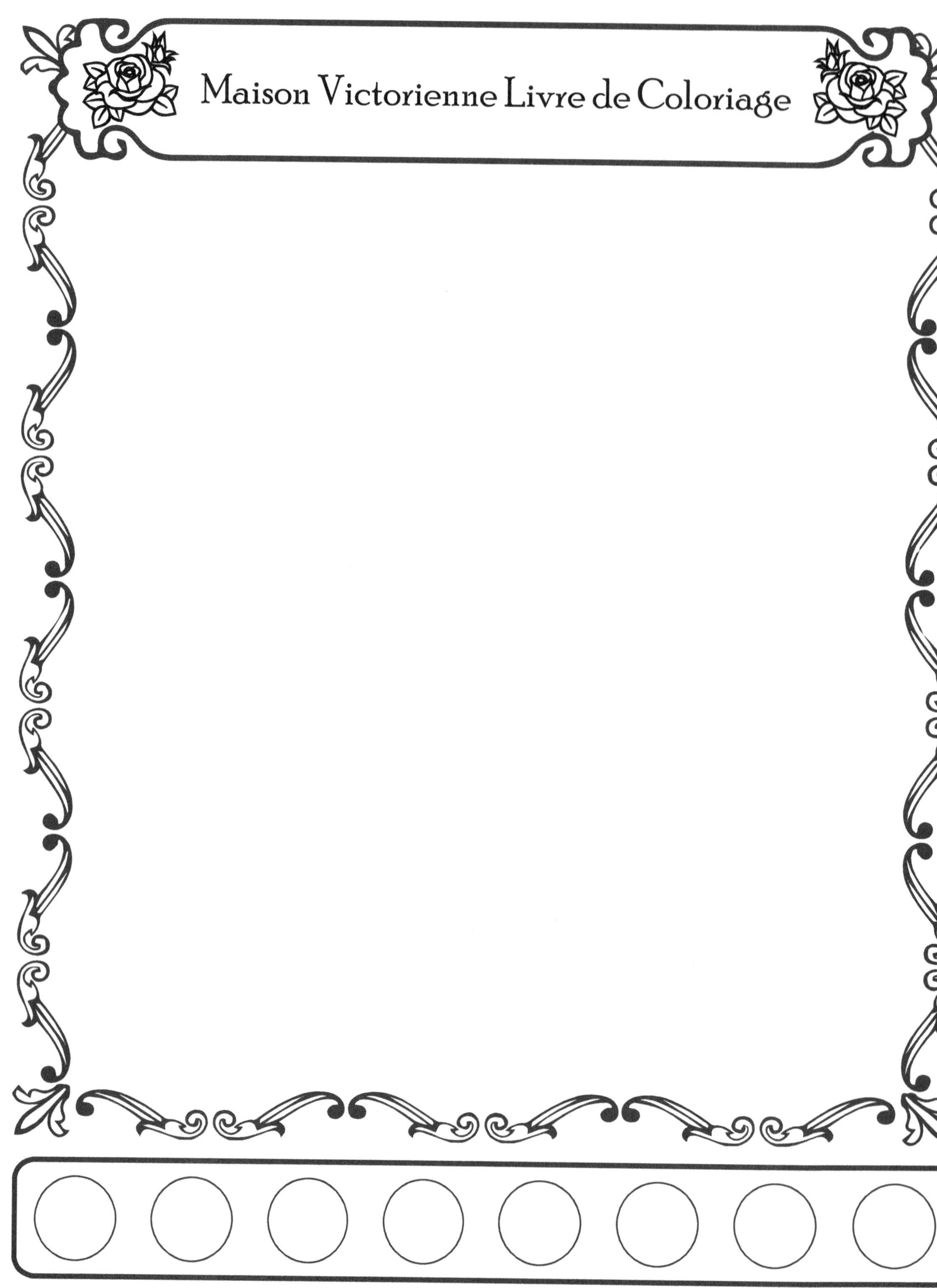
Maison Victorienne Livre de Coloriage

Maison Victorienne Livre de Coloriage

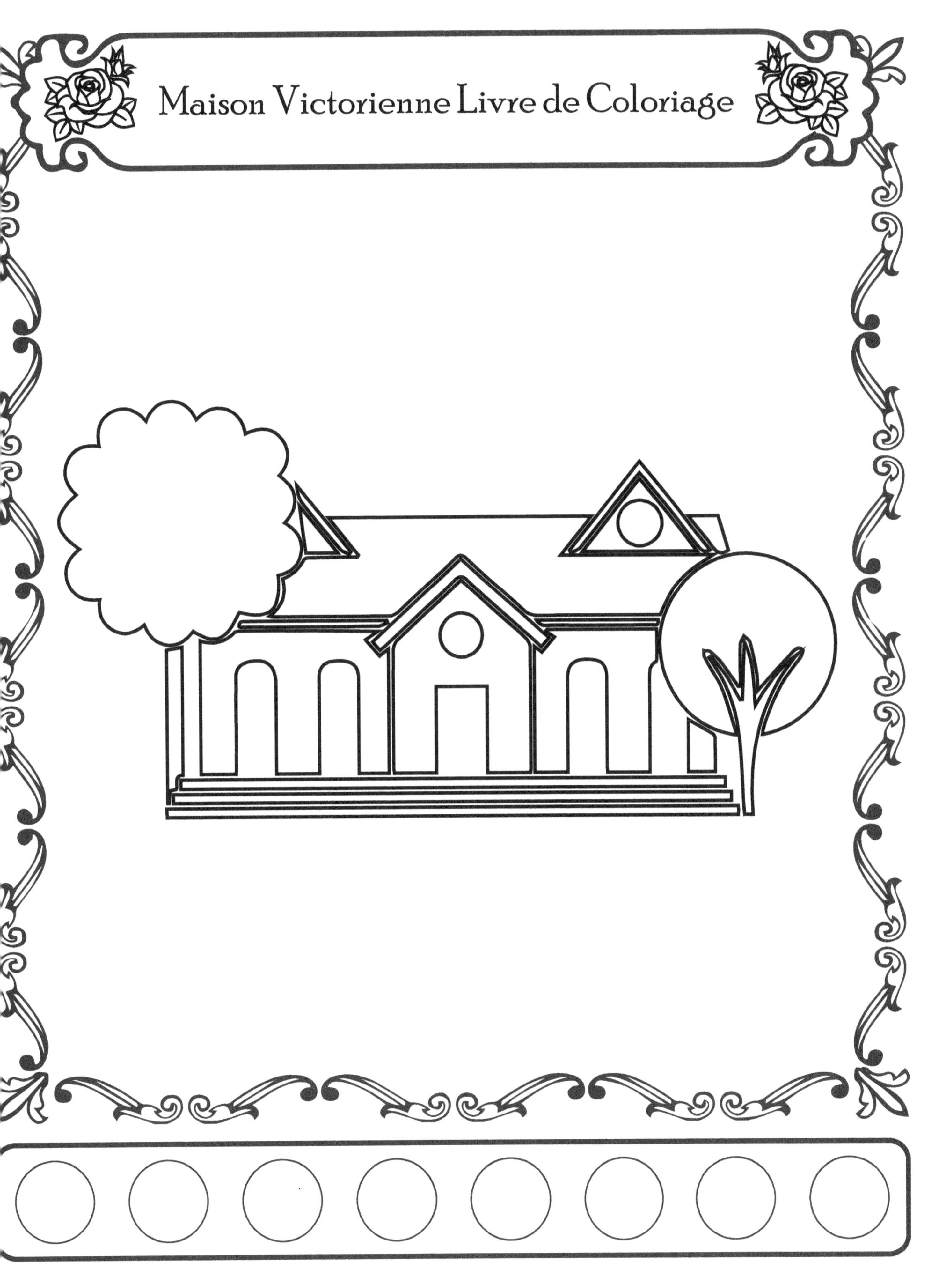

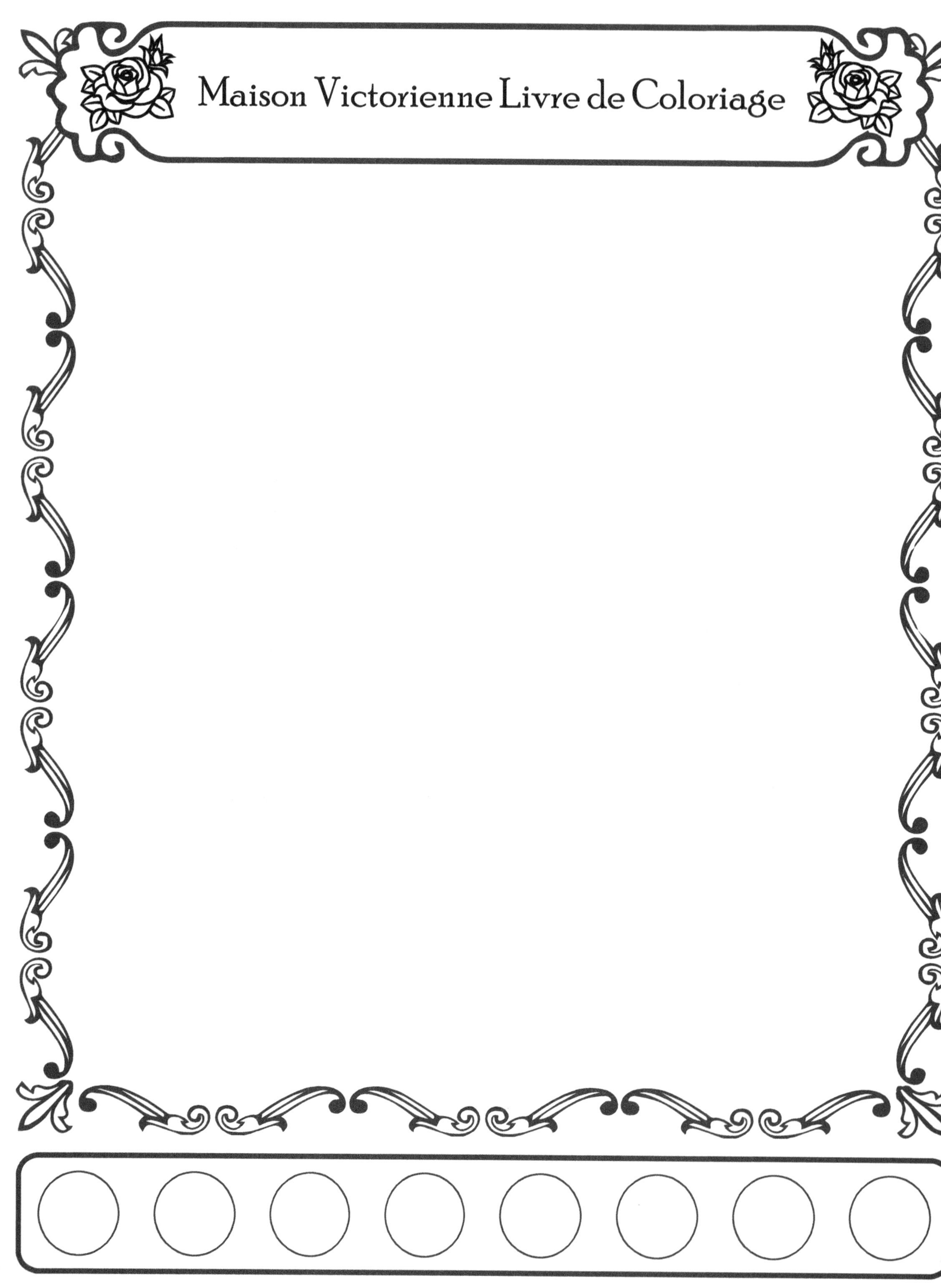
Maison Victorienne Livre de Coloriage

Maison Victorienne Livre de Coloriage

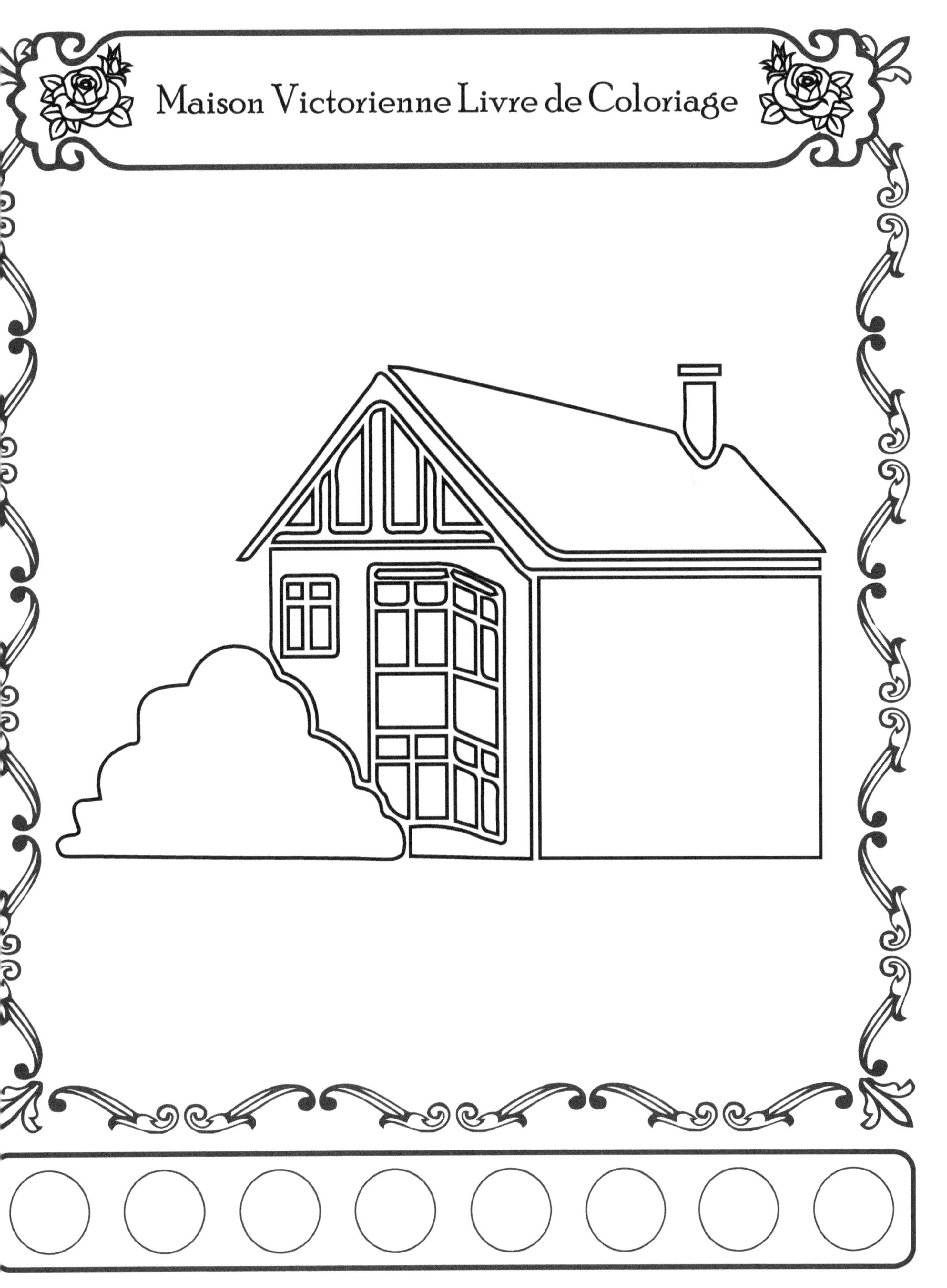

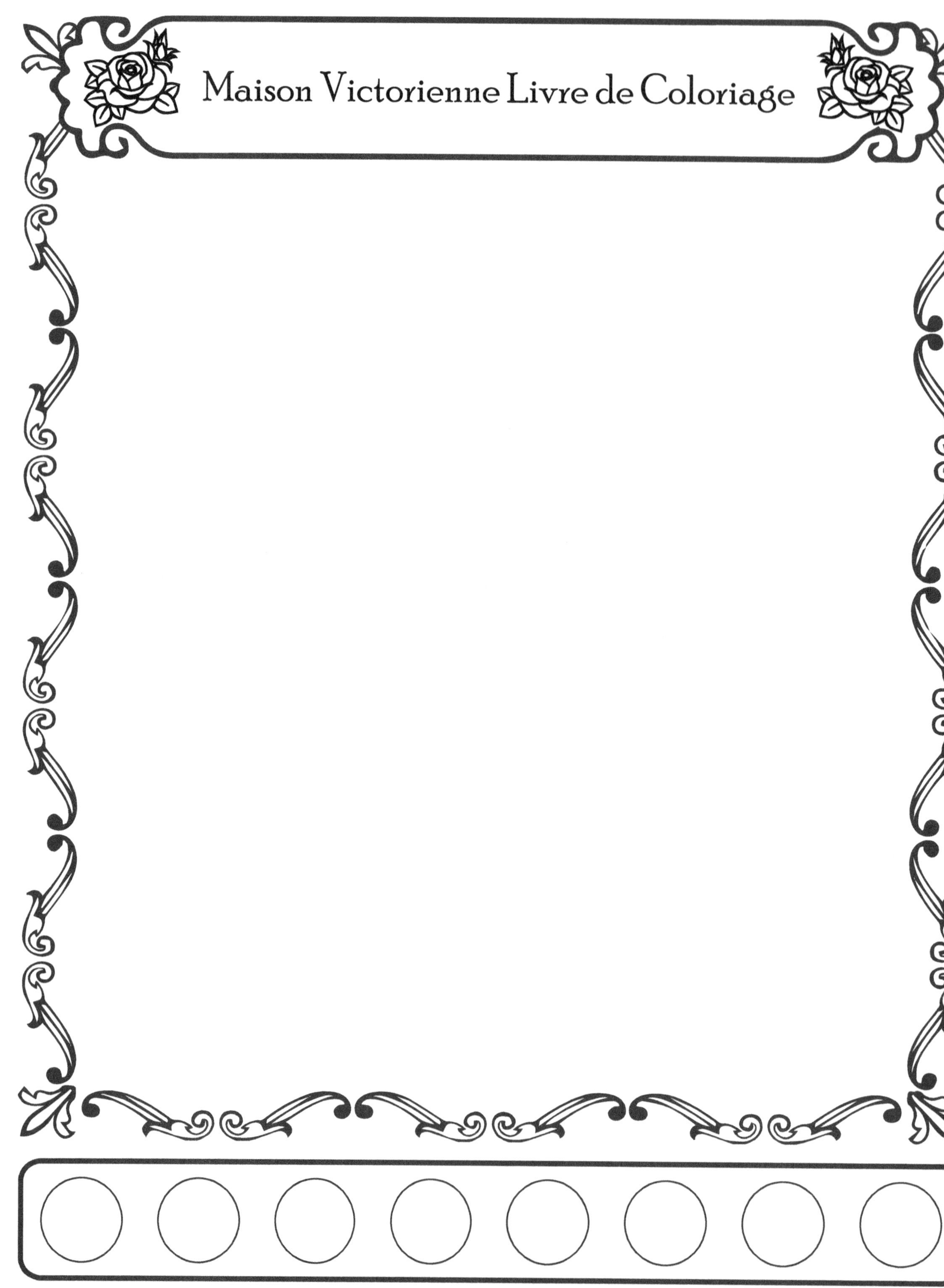

Maison Victorienne Livre de Coloriage

Maison Victorienne Livre de Coloriage

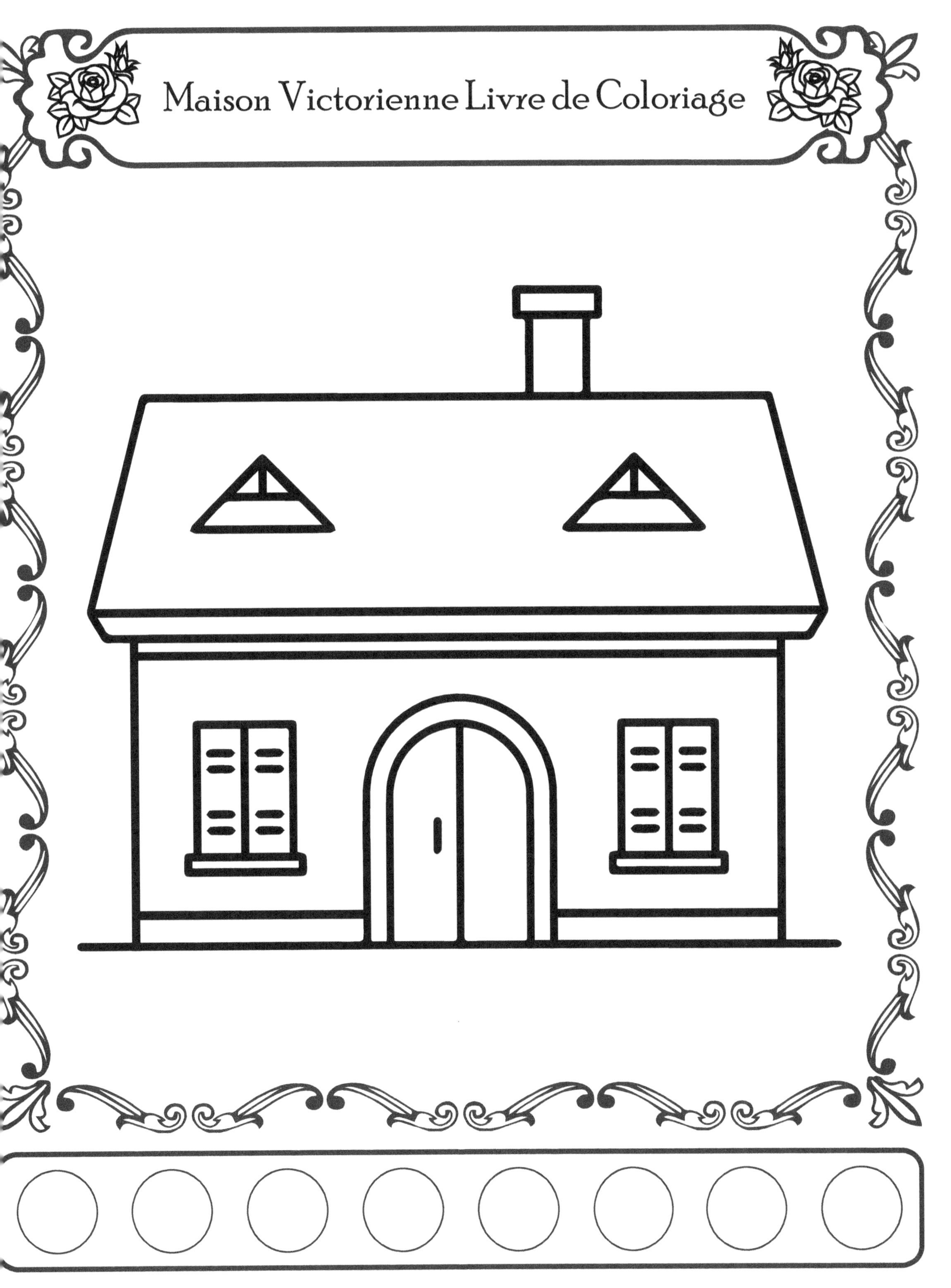

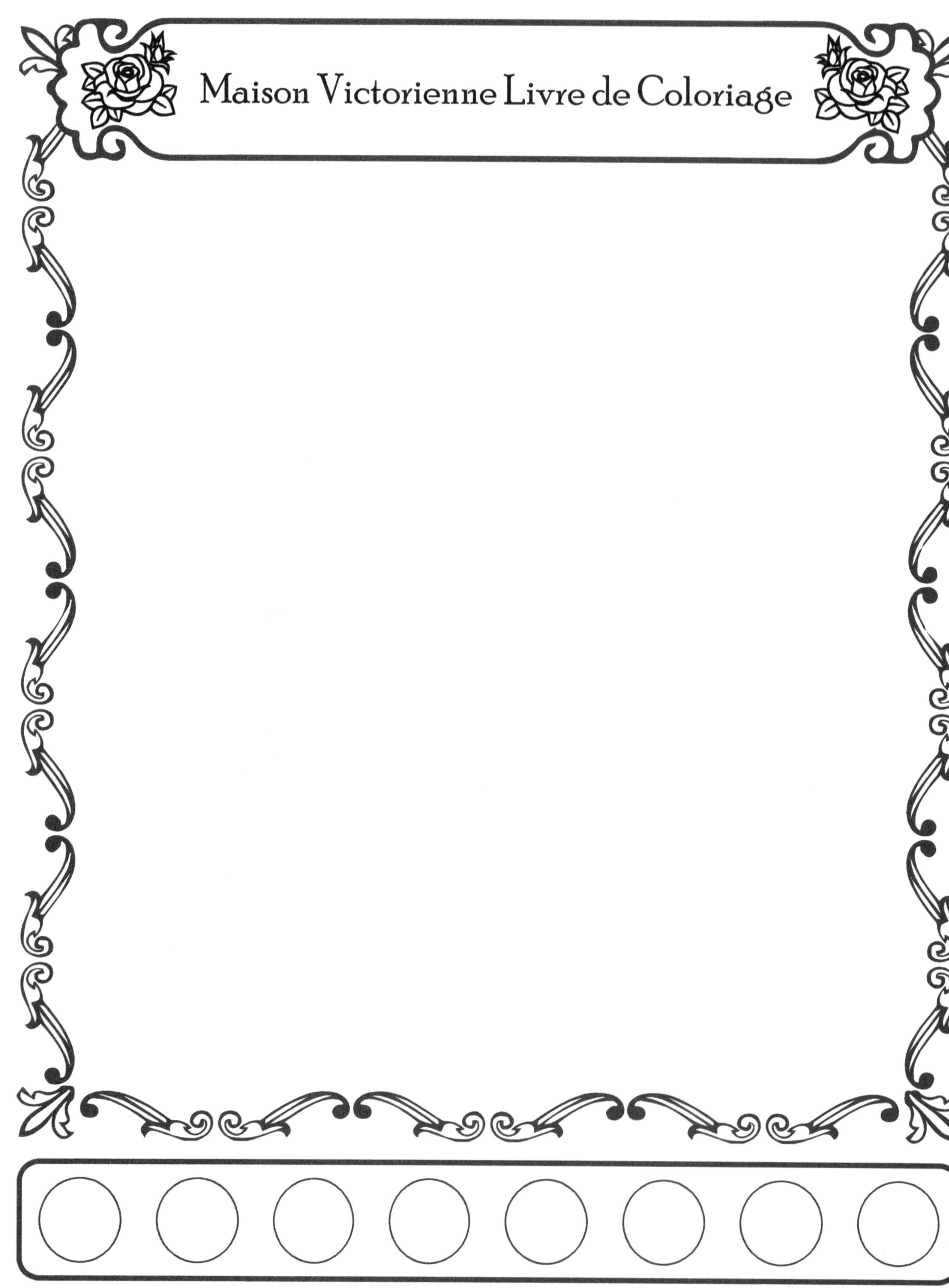
Maison Victorienne Livre de Coloriage

Maison Victorienne Livre de Coloriage

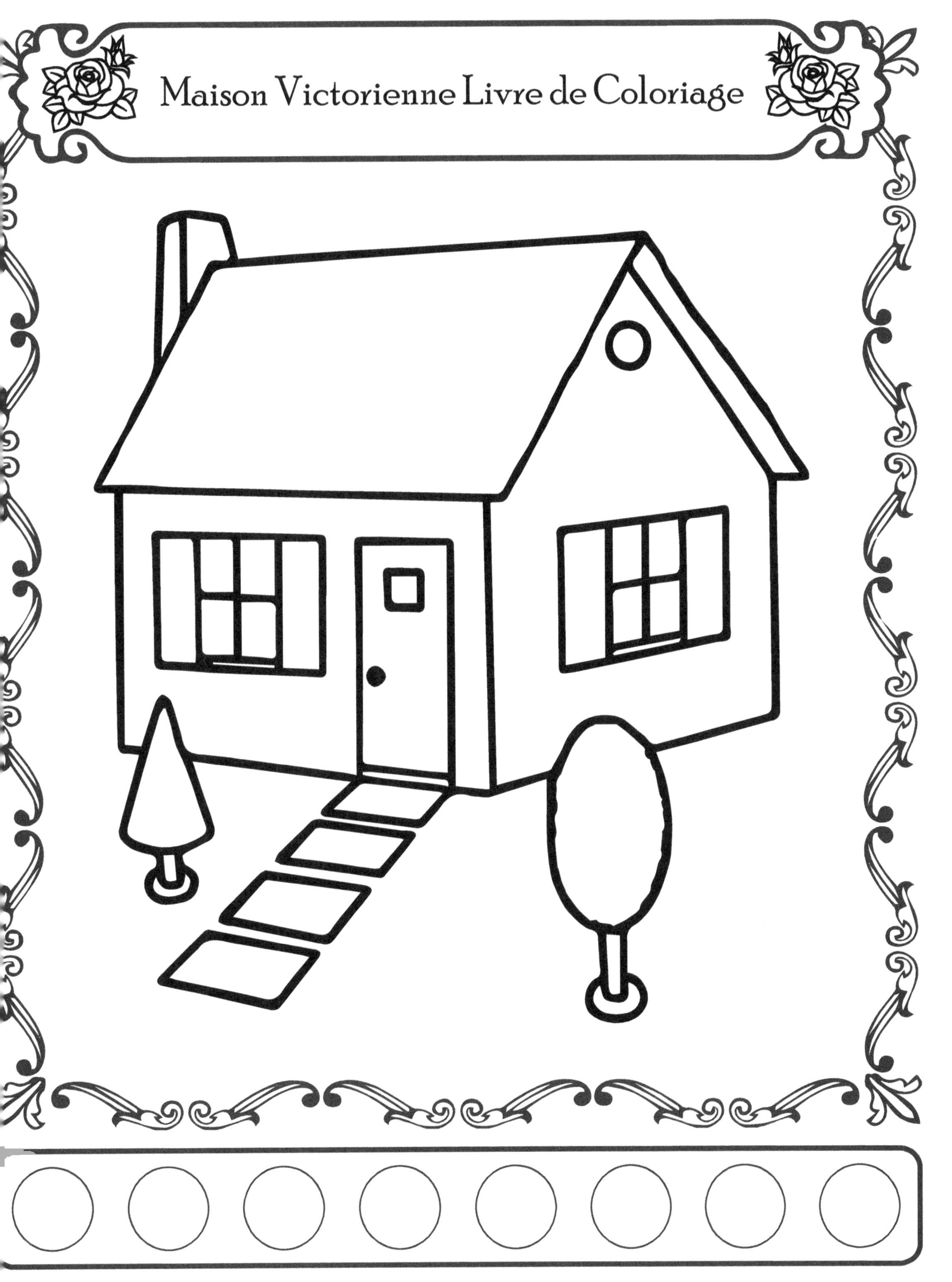

Maison Victorienne Livre de Coloriage

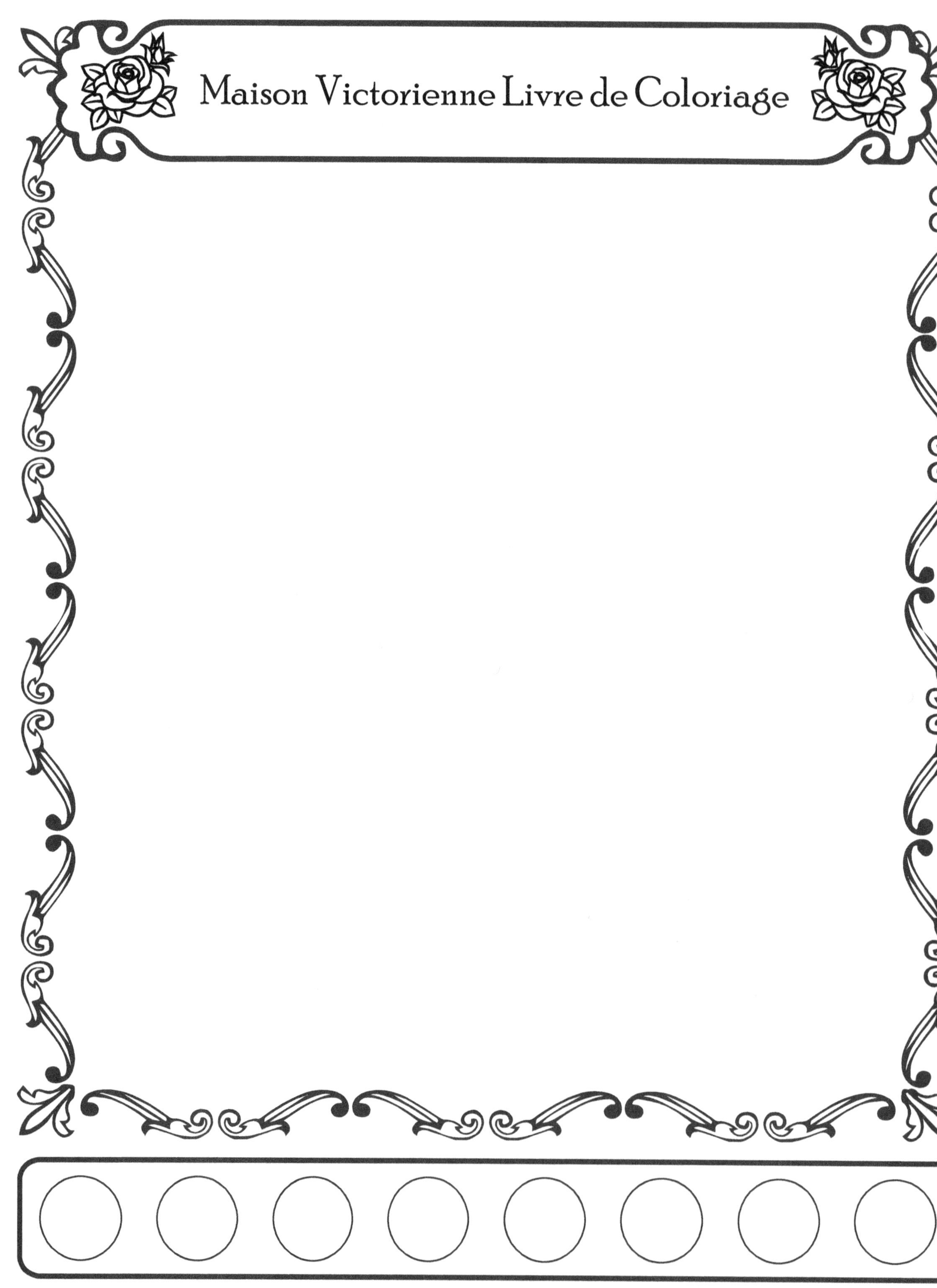

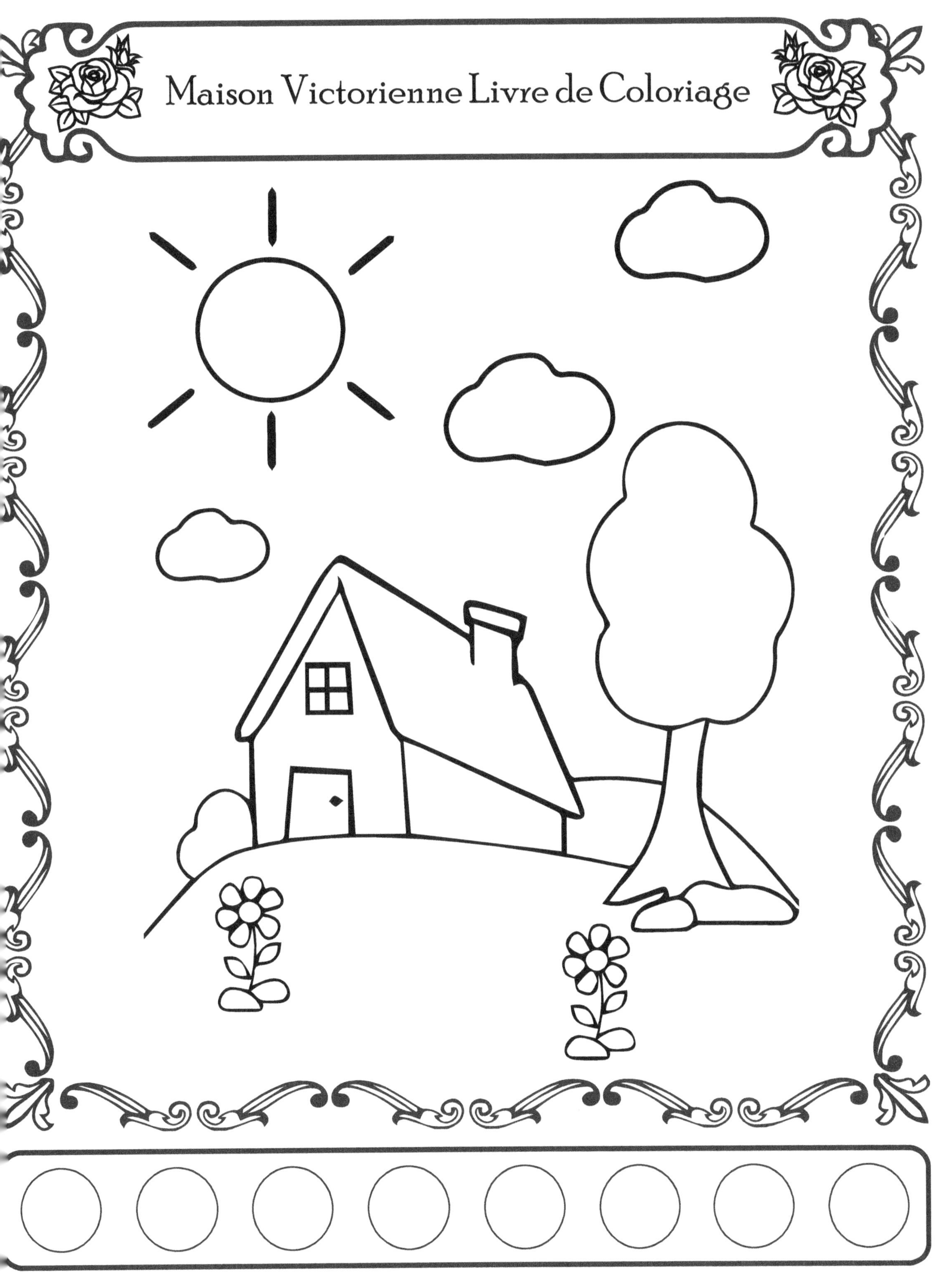

Maison Victorienne Livre de Coloriage

Maison Victorienne Livre de Coloriage

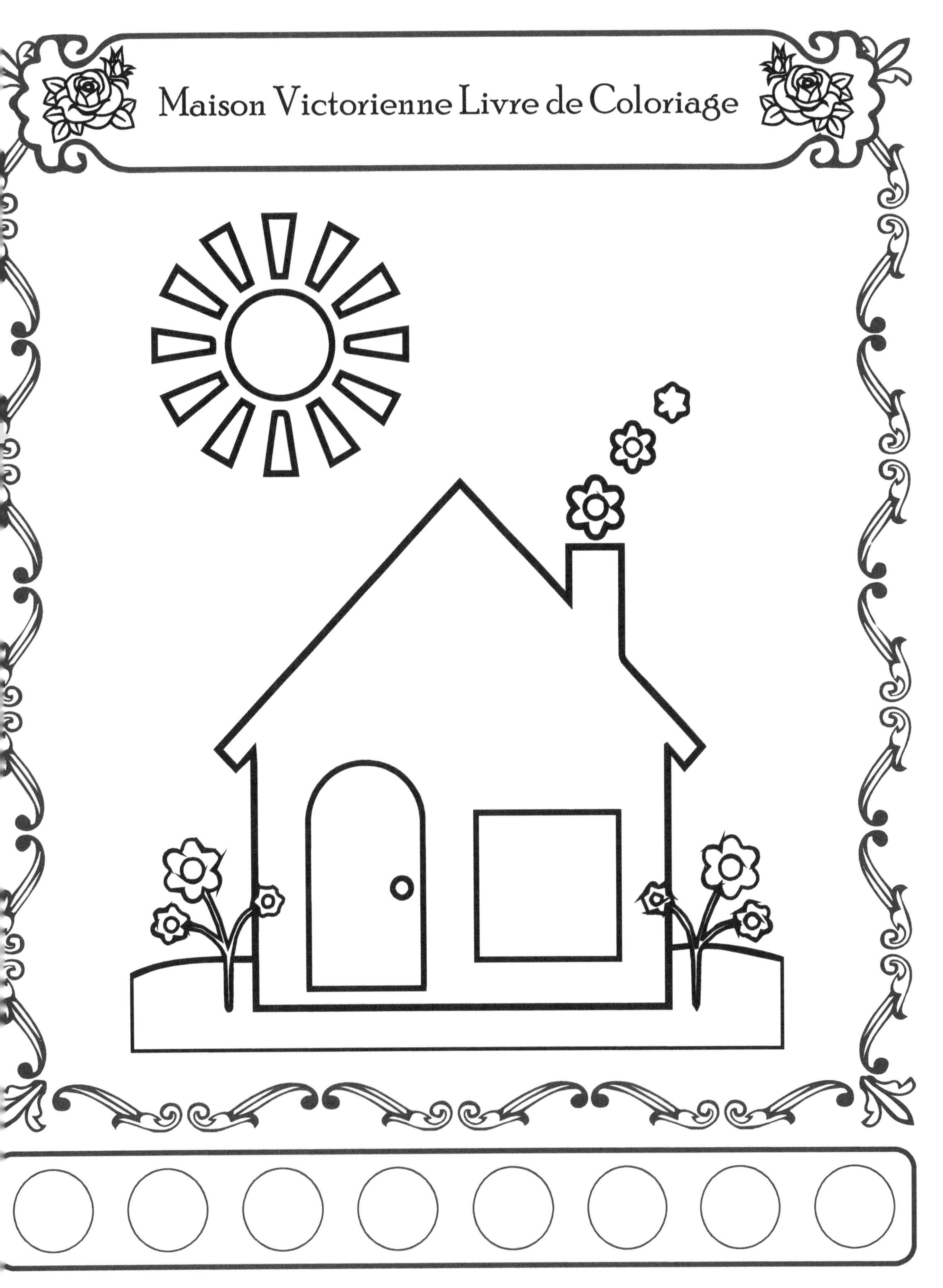

Maison Victorienne Livre de Coloriage

Maison Victorienne Livre de Coloriage

Maison Victorienne Livre de Coloriage

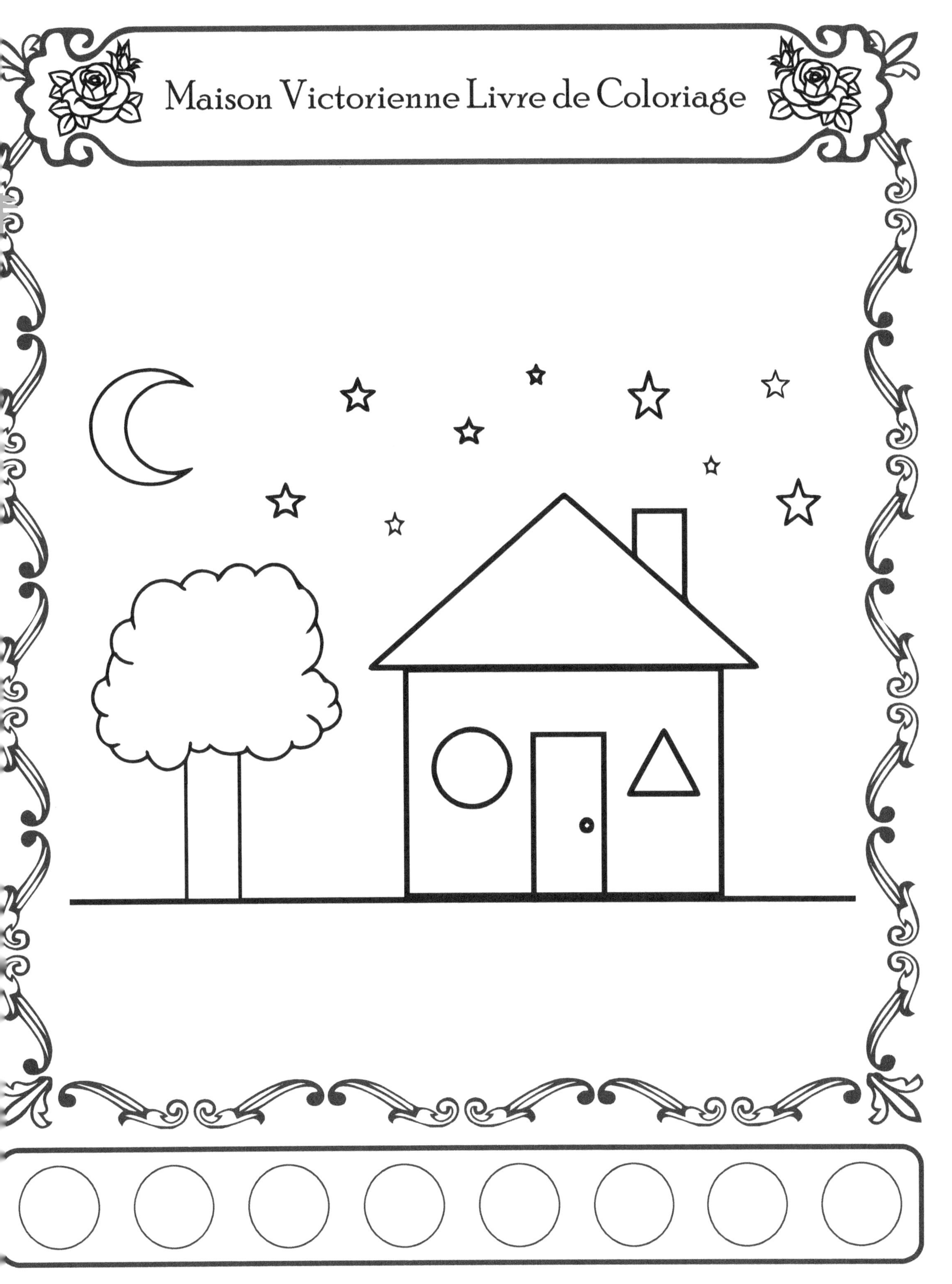

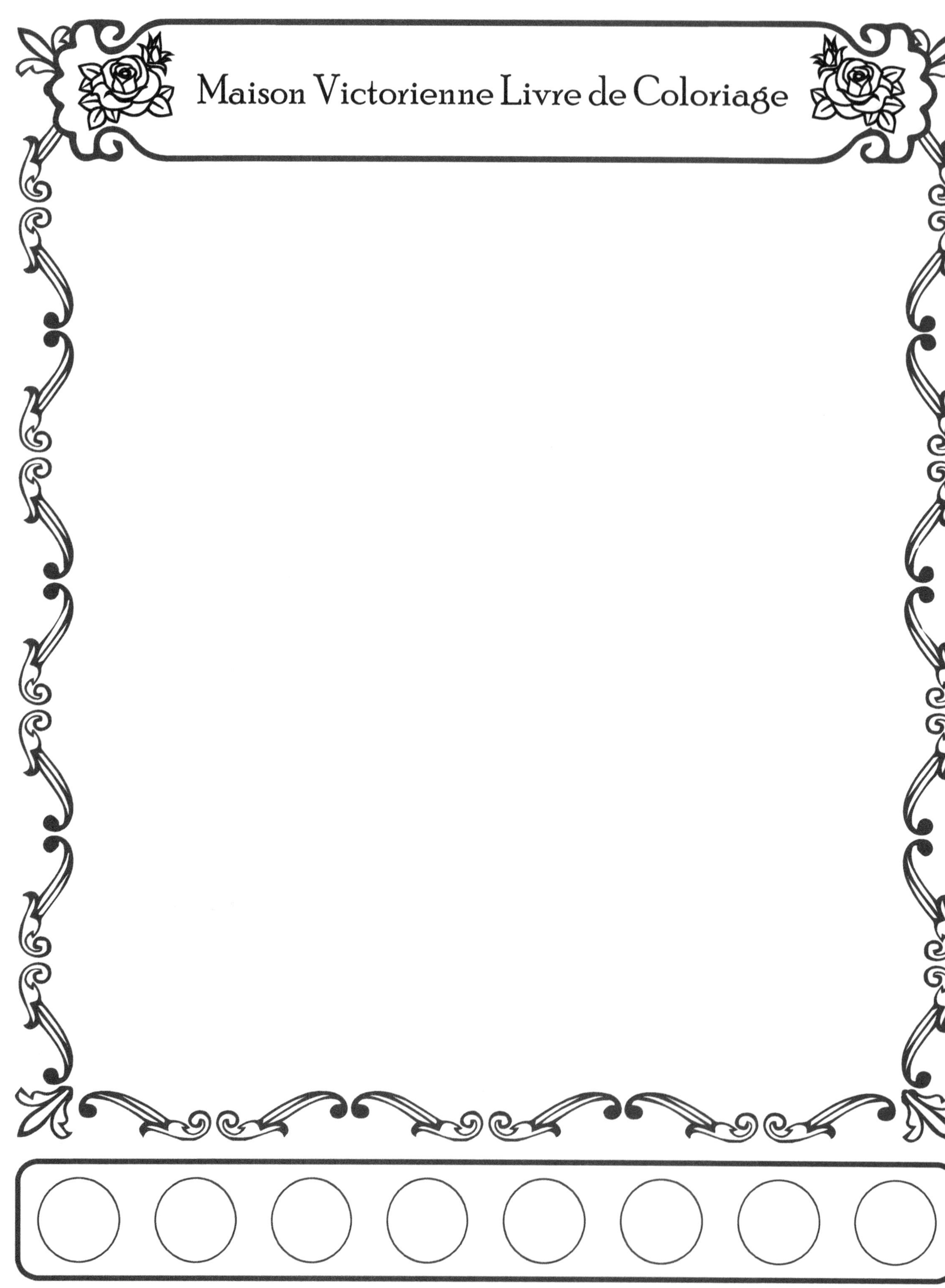

Maison Victorienne Livre de Coloriage

Maison Victorienne Livre de Coloriage

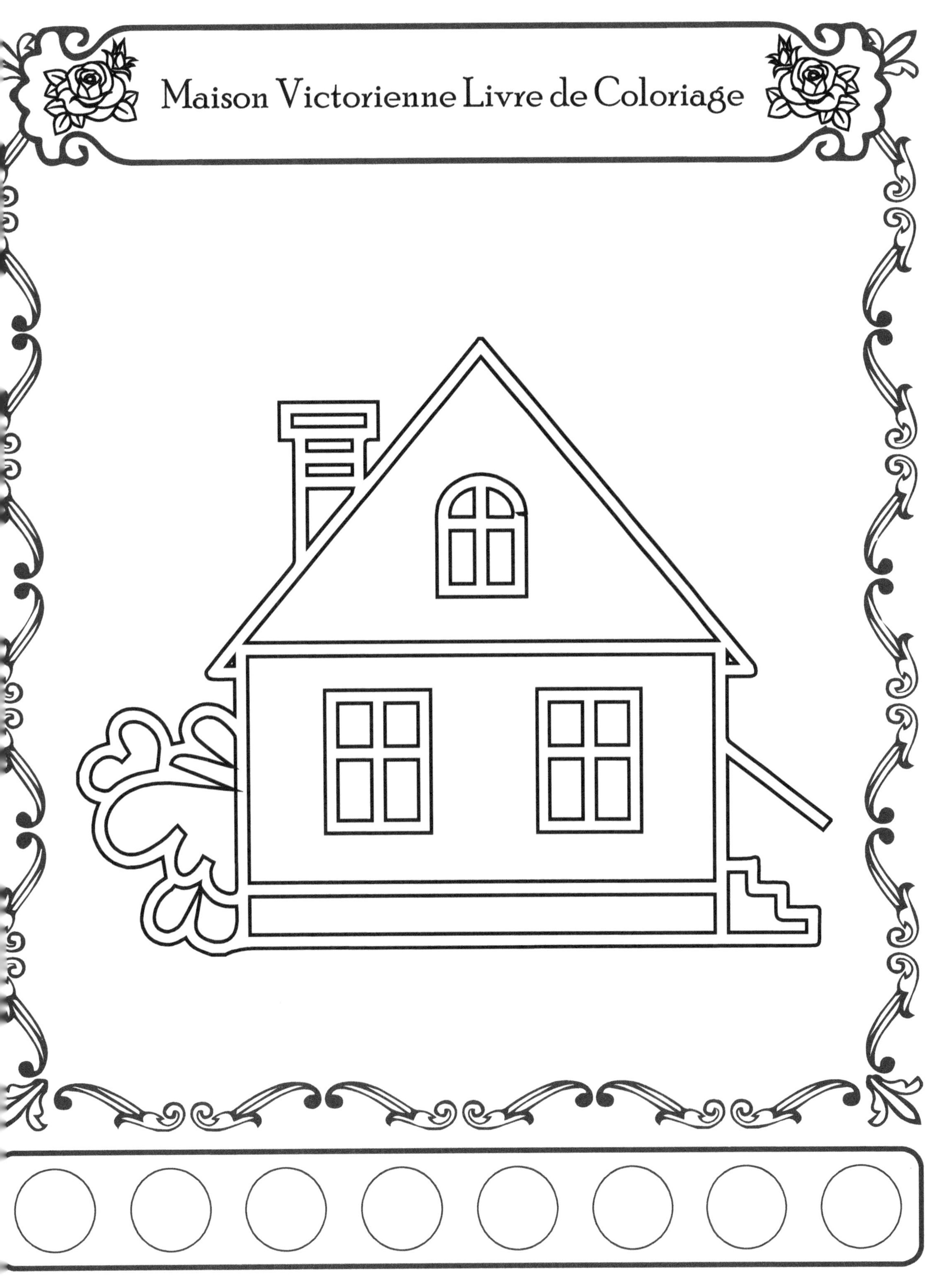

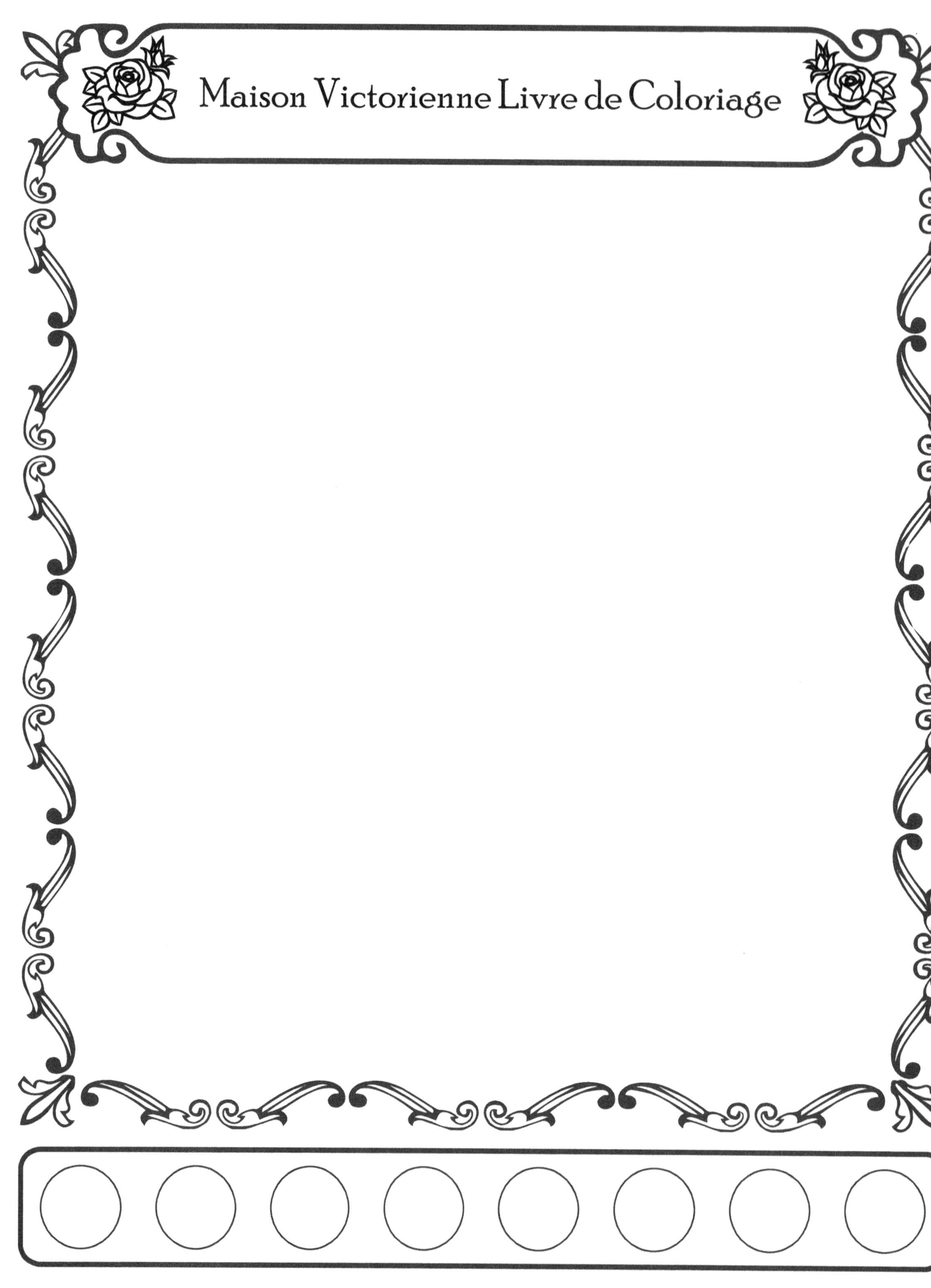

Maison Victorienne Livre de Coloriage

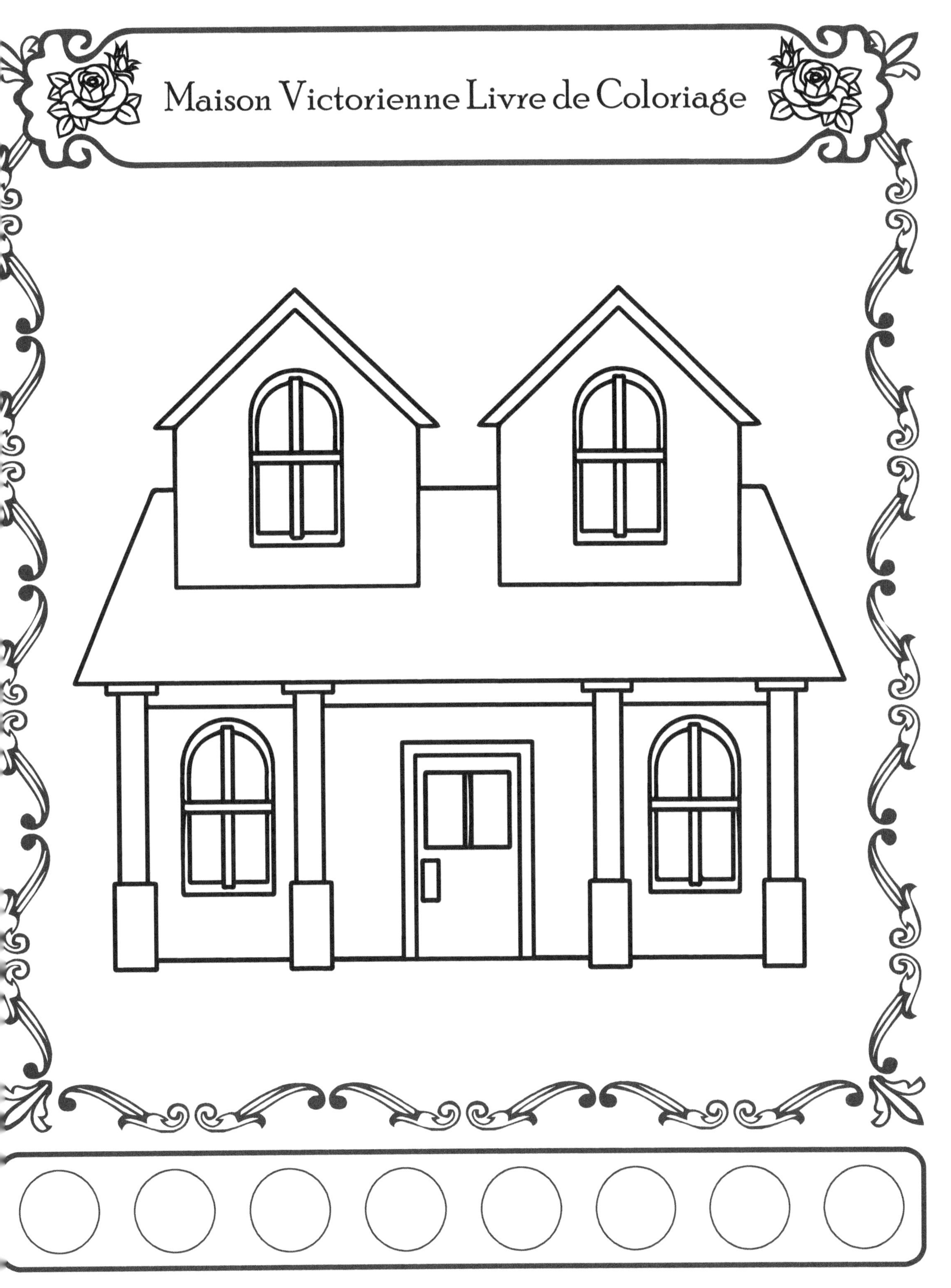

Maison Victorienne Livre de Coloriage

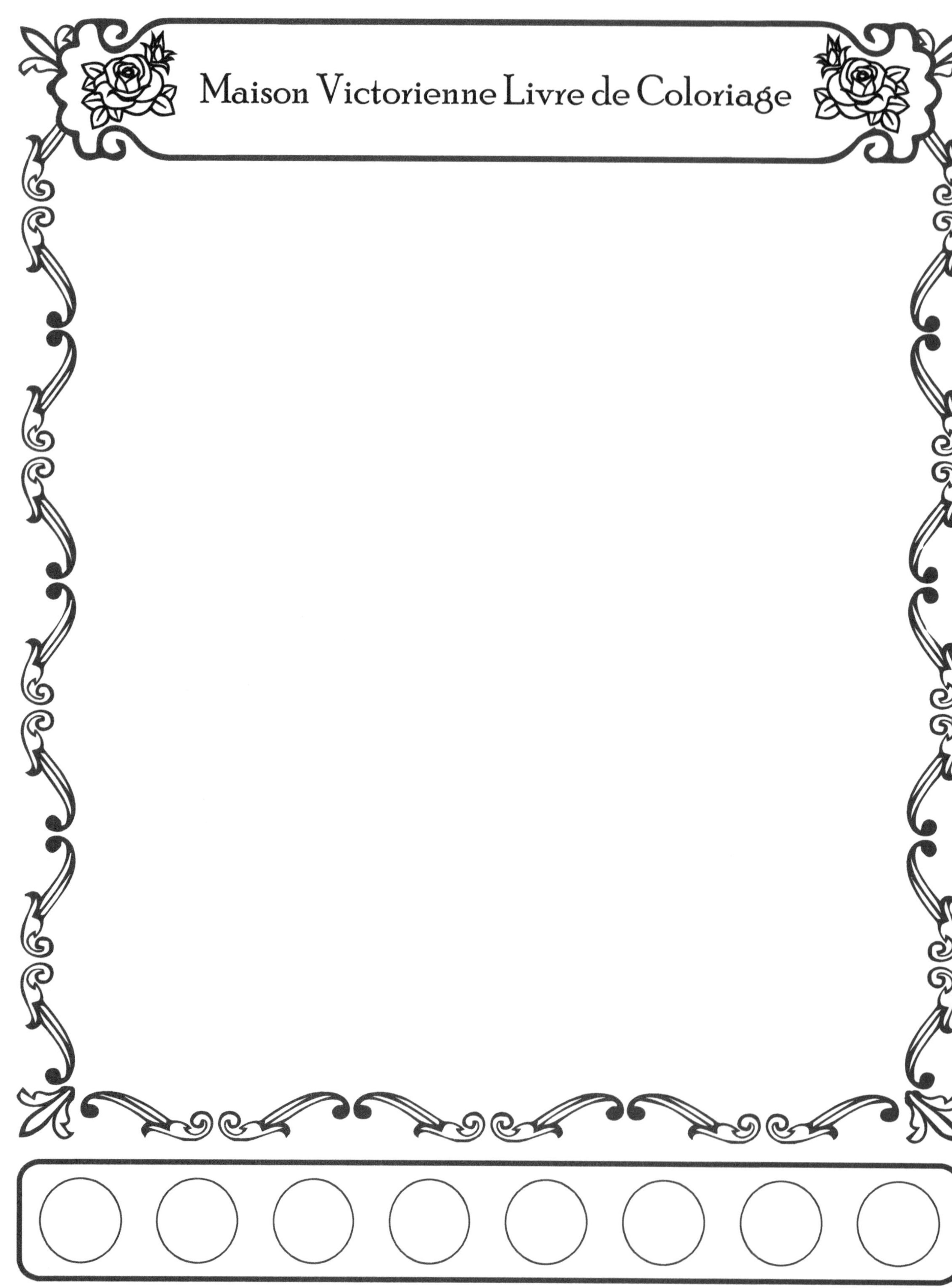
Maison Victorienne Livre de Coloriage

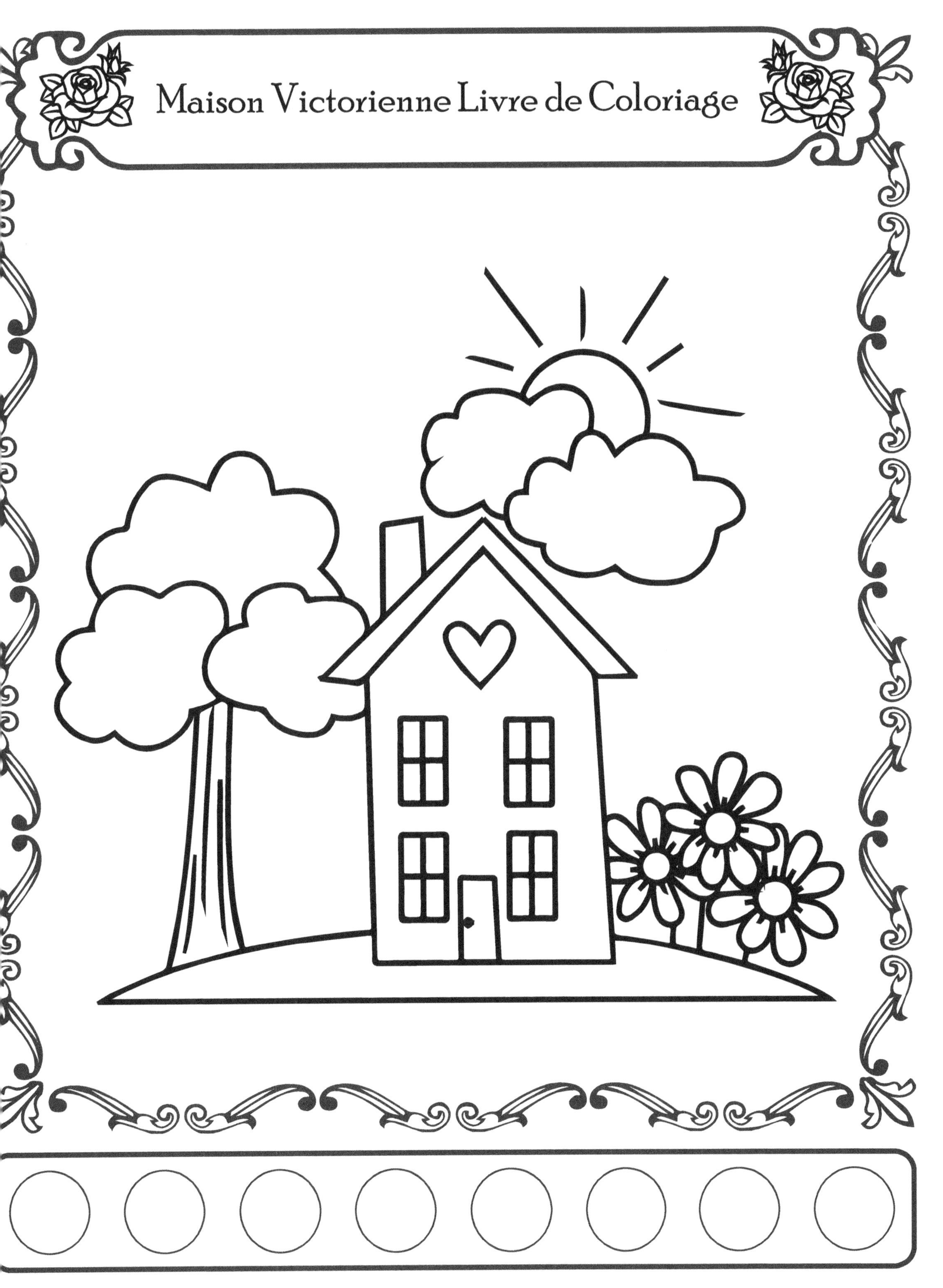

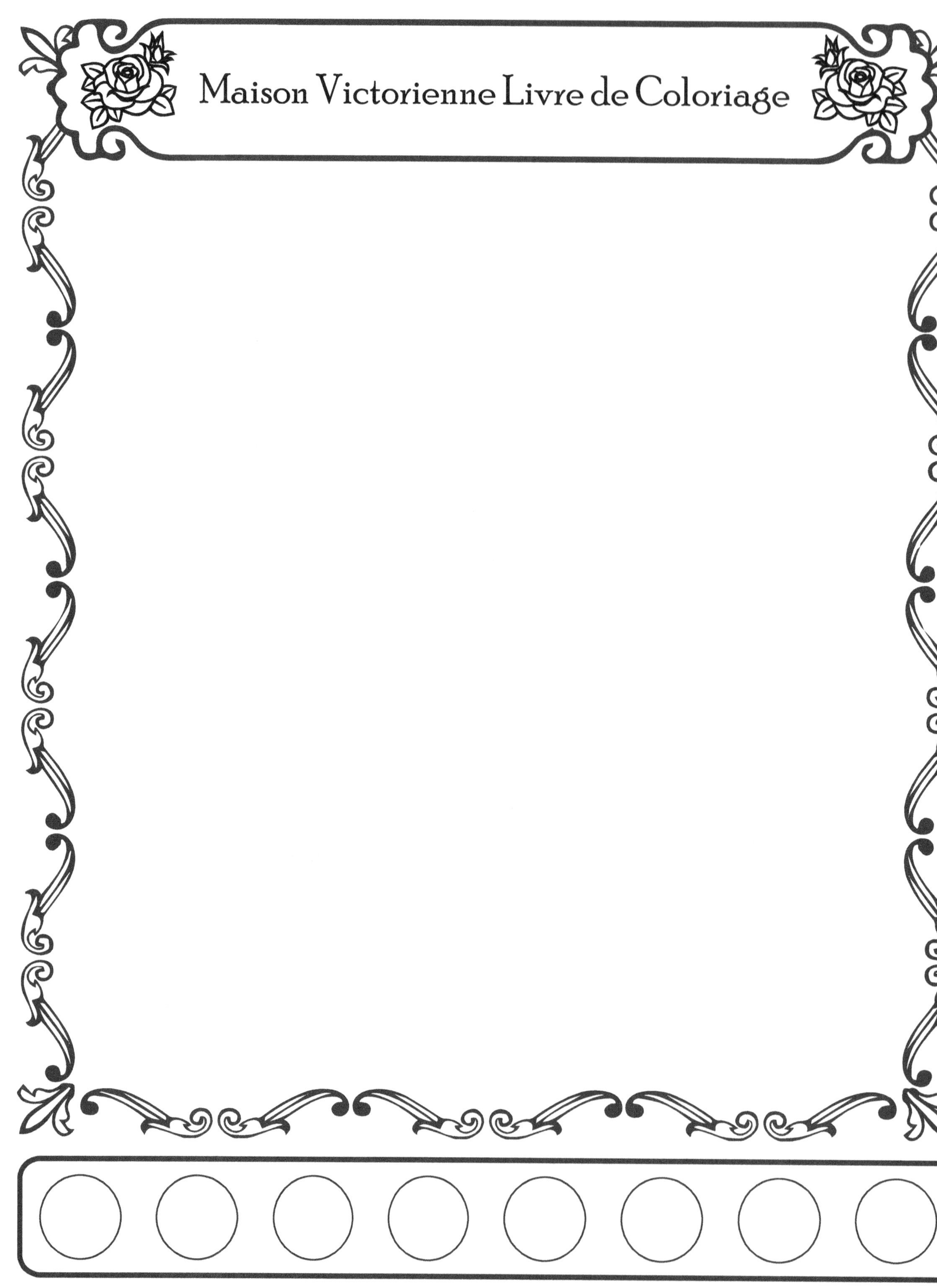

Maison Victorienne Livre de Coloriage

Maison Victorienne Livre de Coloriage

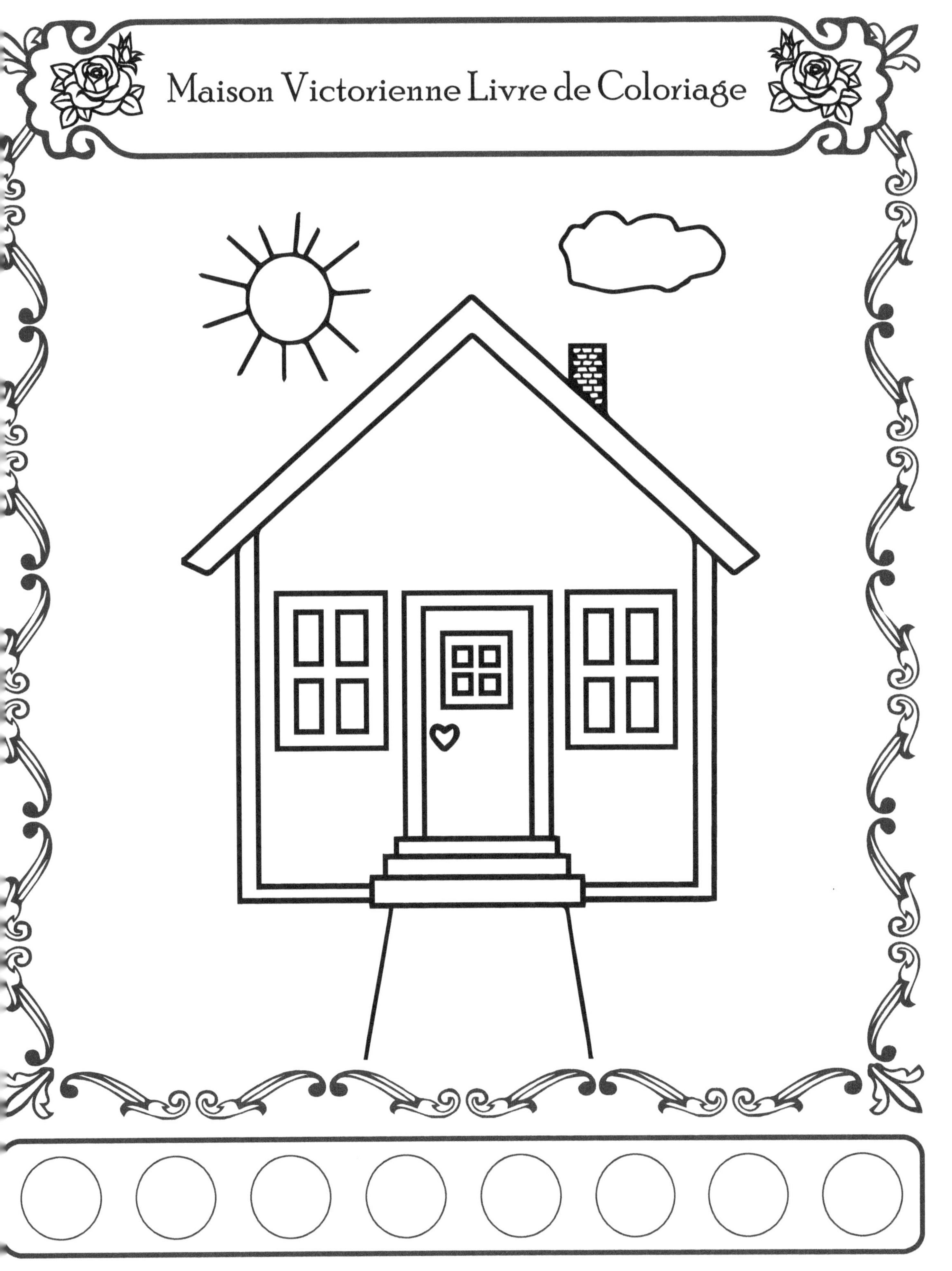

Maison Victorienne Livre de Coloriage

Maison Victorienne Livre de Coloriage

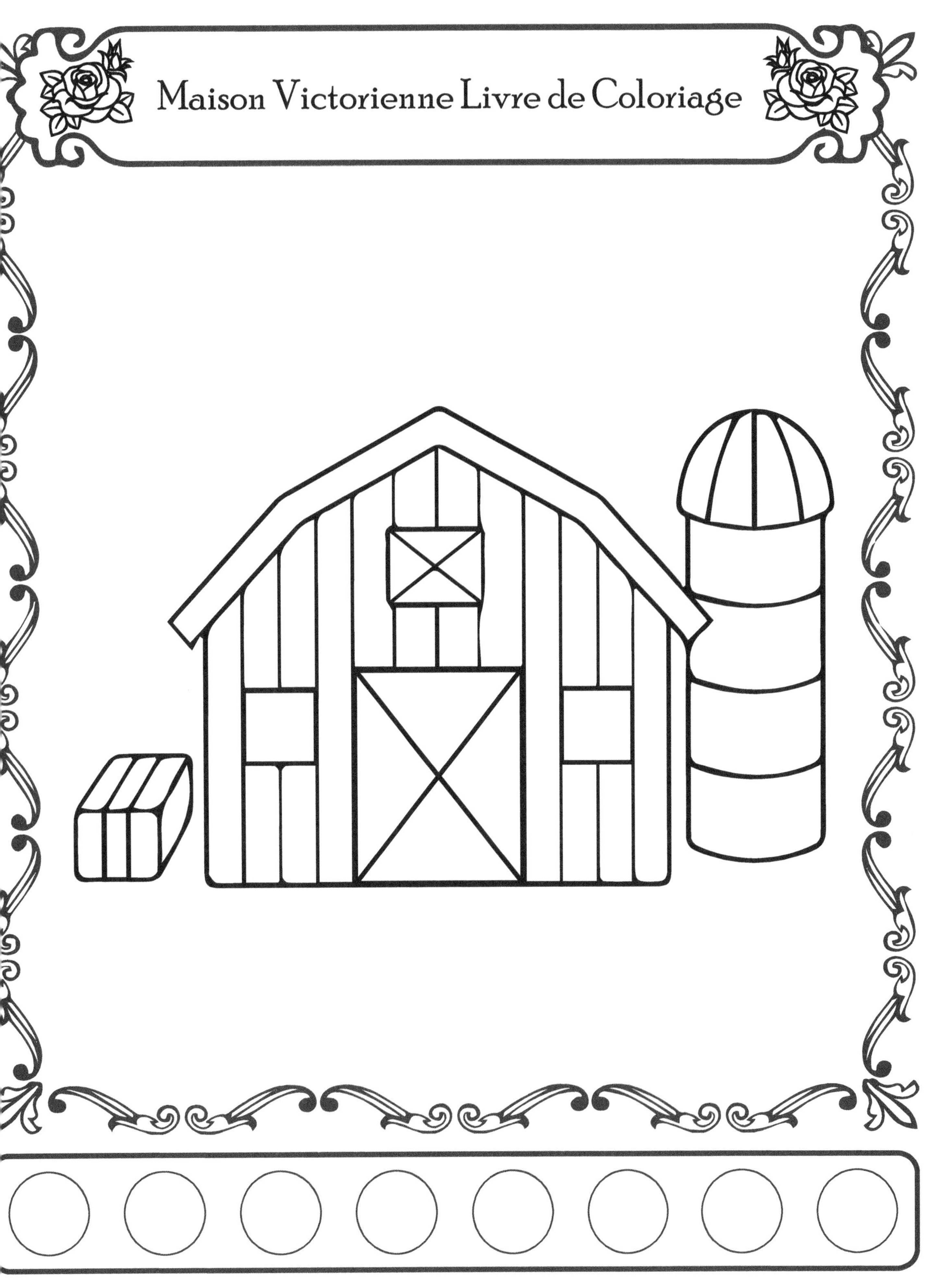

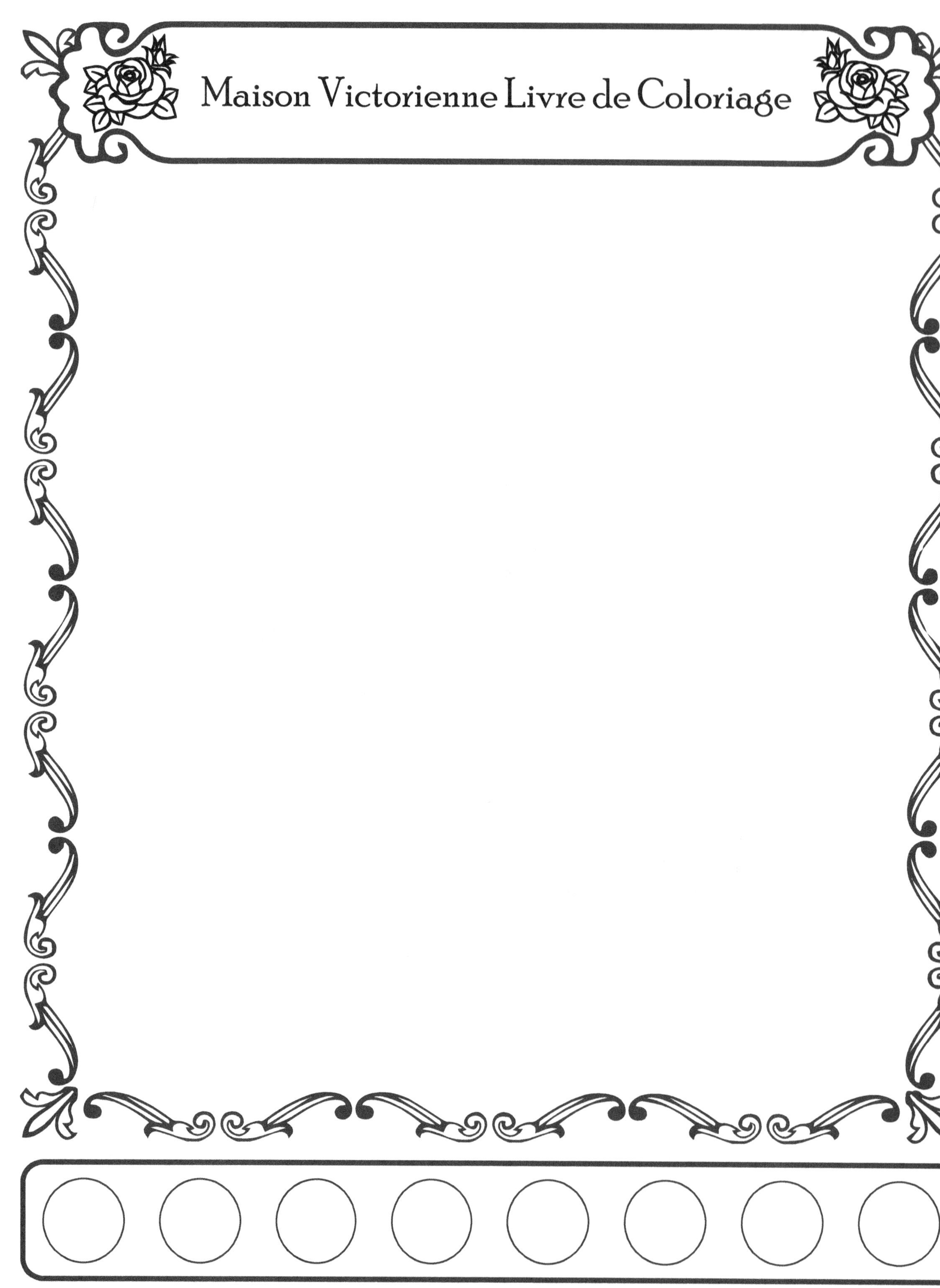

Maison Victorienne Livre de Coloriage

Maison Victorienne Livre de Coloriage

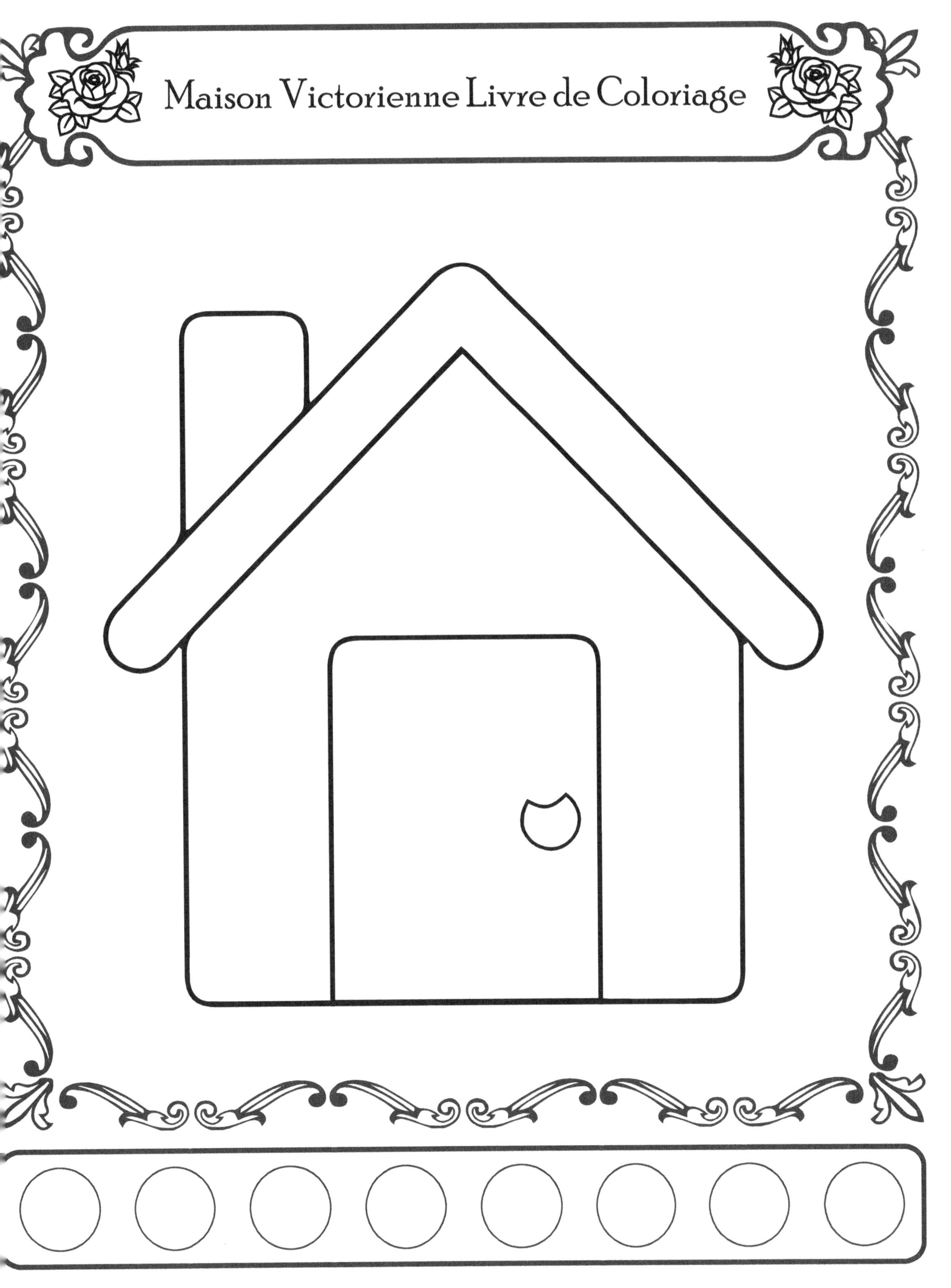

Maison Victorienne Livre de Coloriage

Maison Victorienne Livre de Coloriage

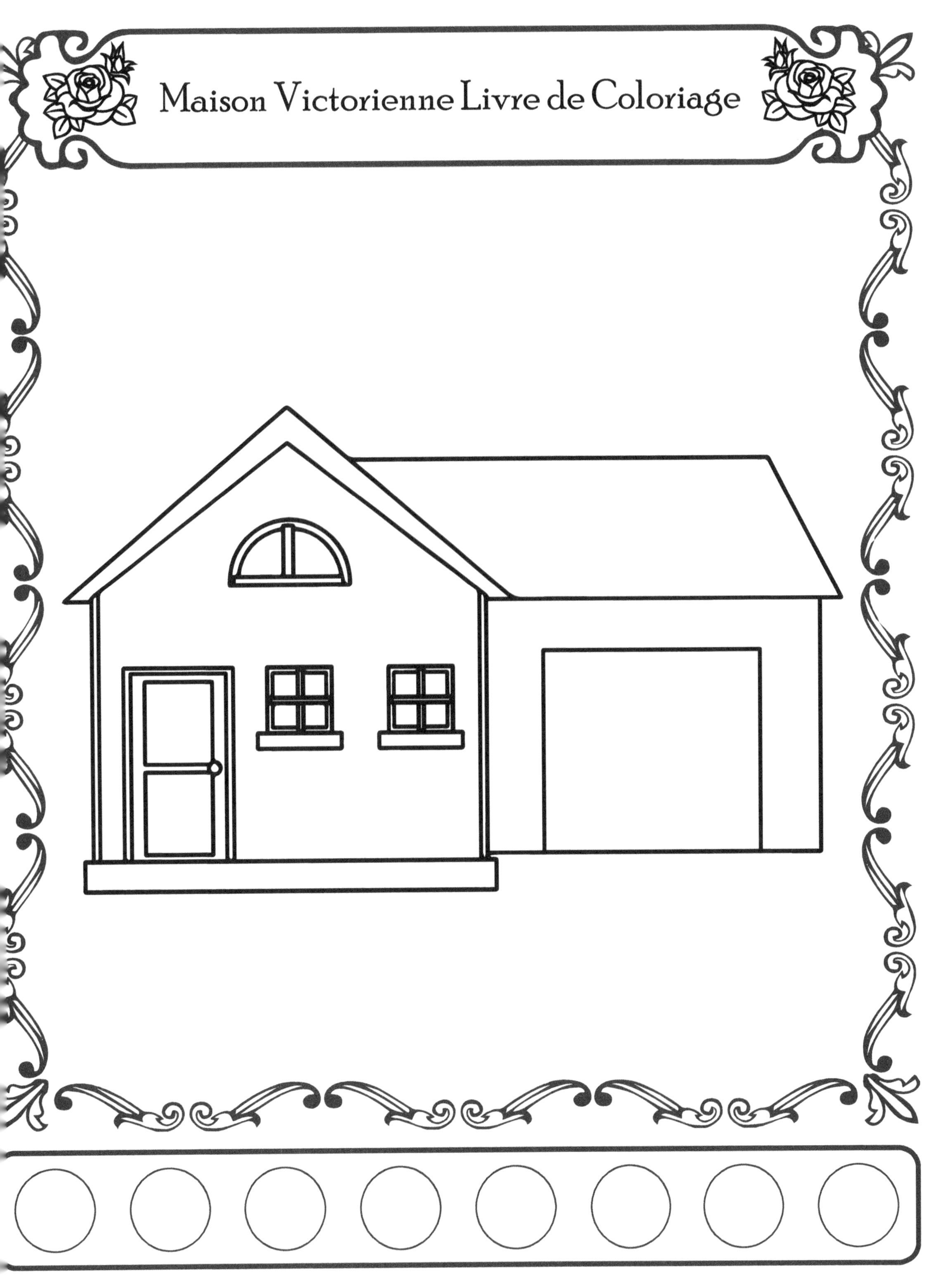

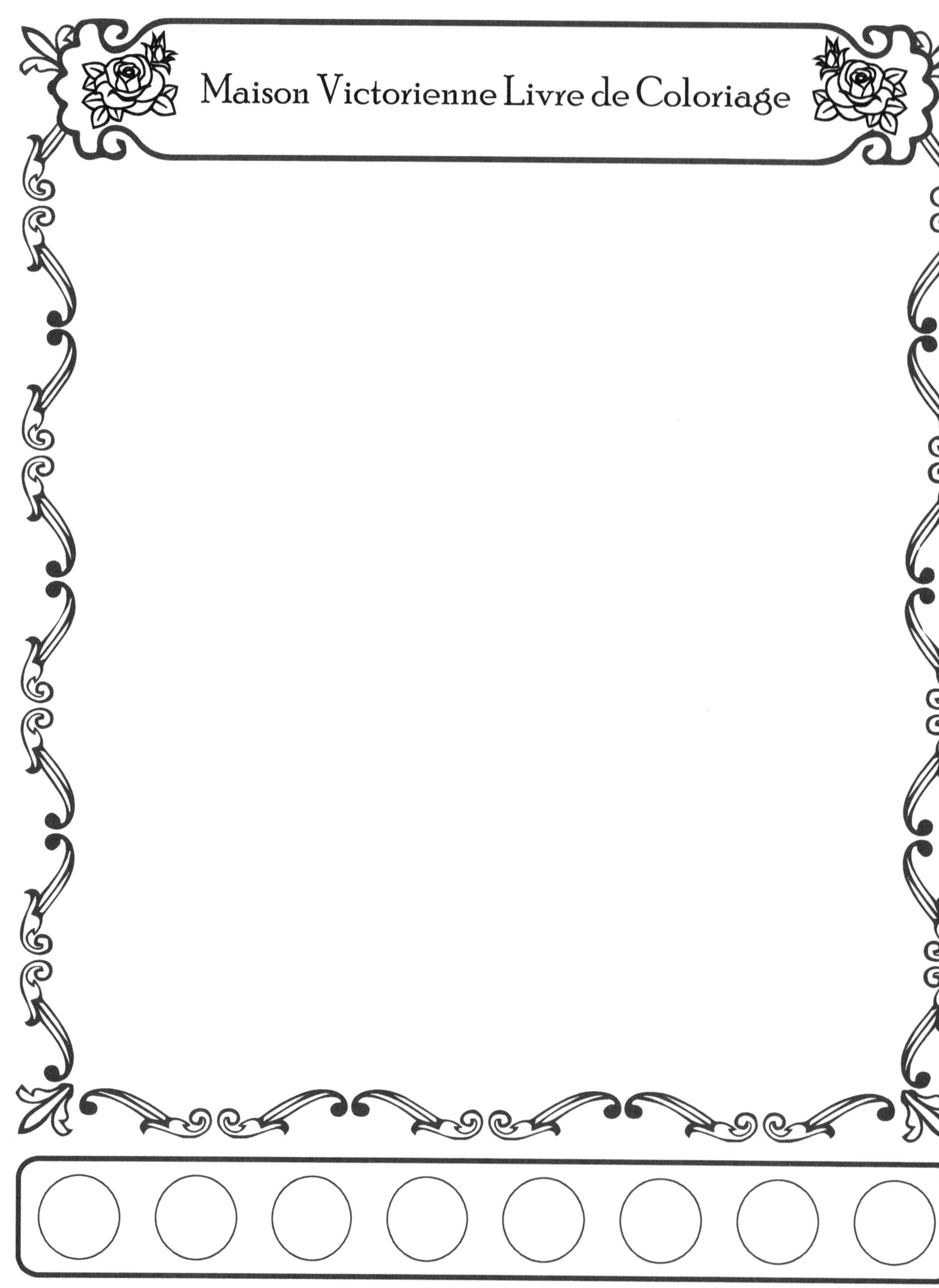

Maison Victorienne Livre de Coloriage

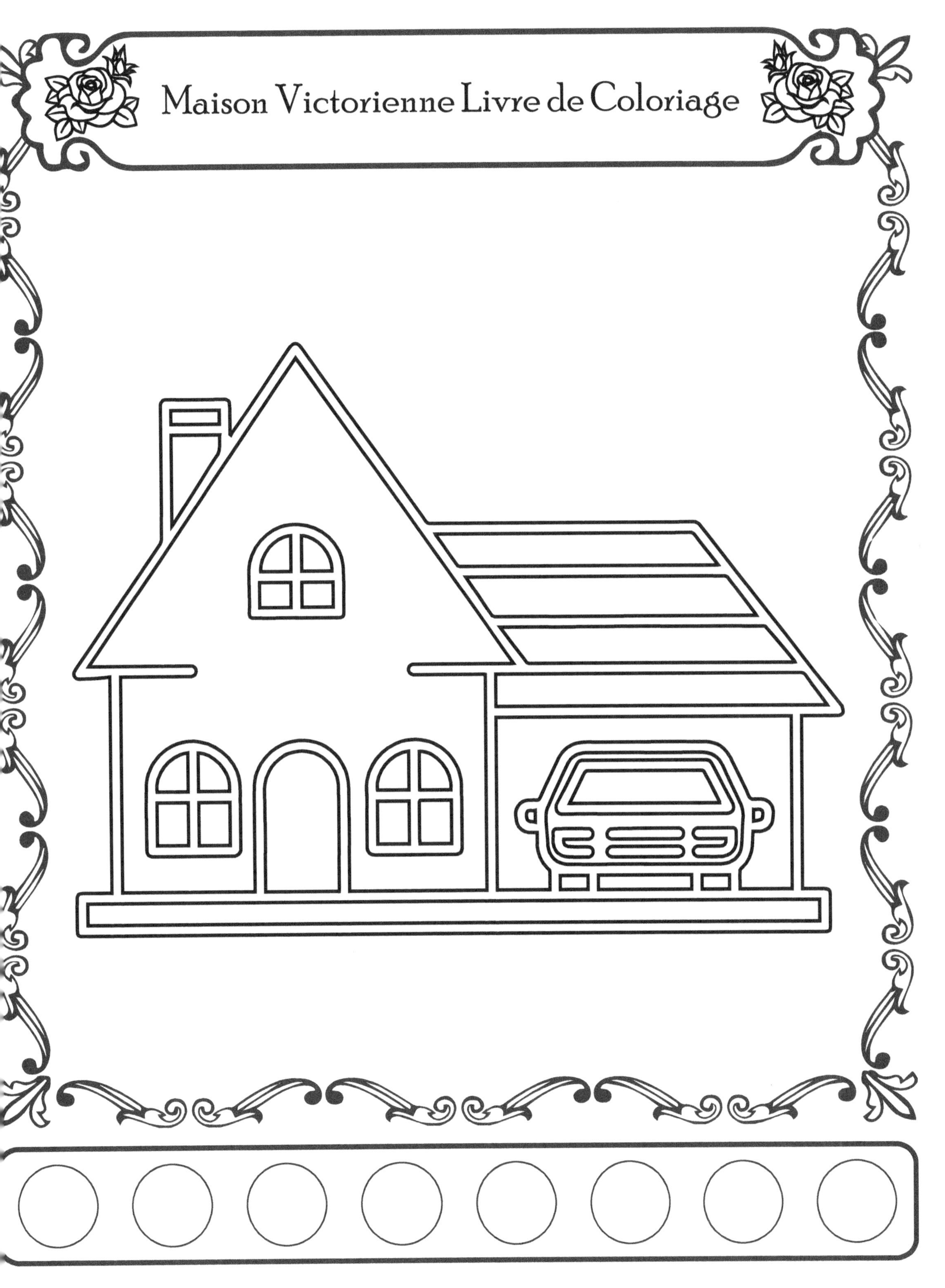

Maison Victorienne Livre de Coloriage

Maison Victorienne Livre de Coloriage

Maison Victorienne Livre de Coloriage

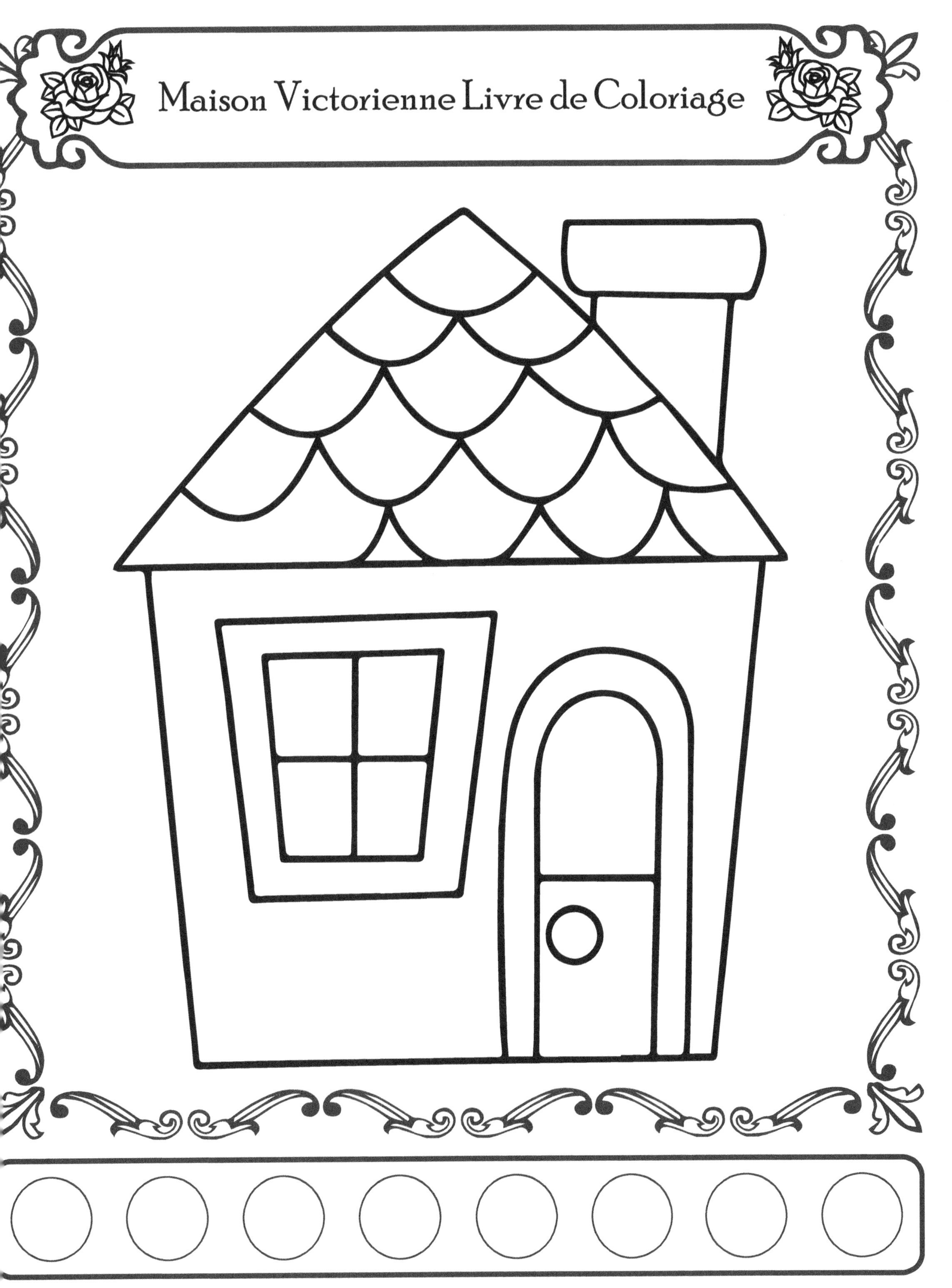

Maison Victorienne Livre de Coloriage

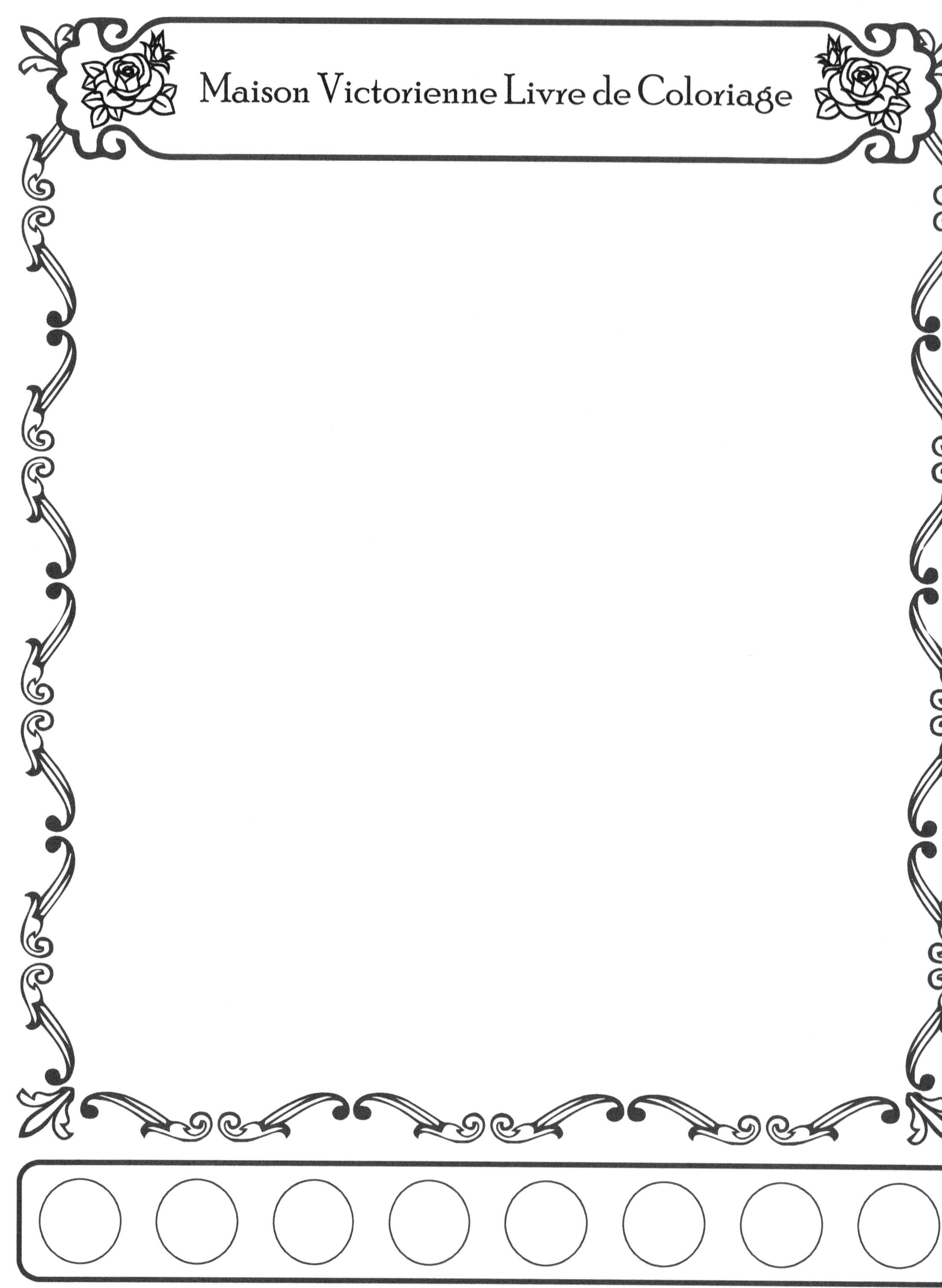

Maison Victorienne Livre de Coloriage

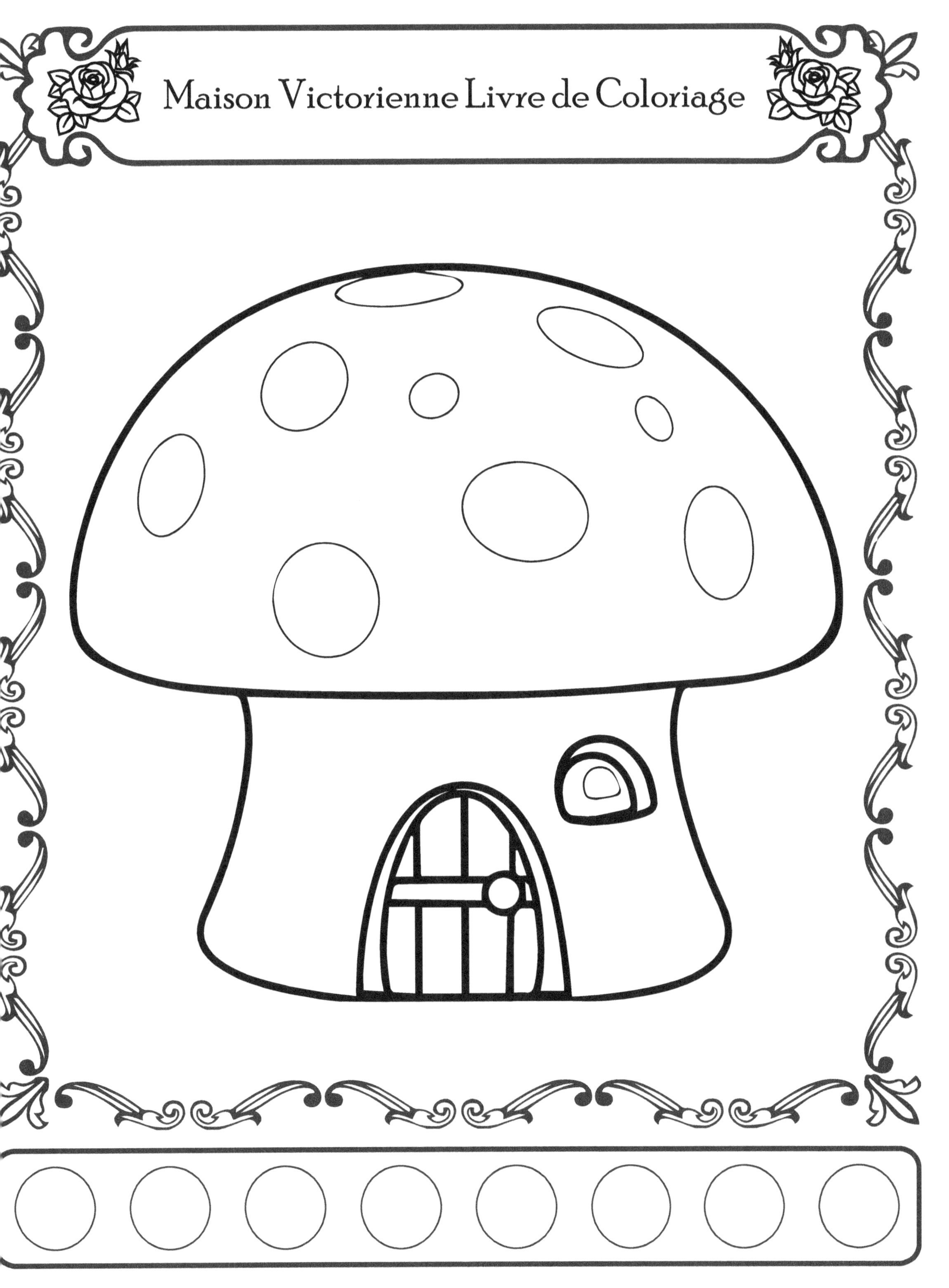

Maison Victorienne Livre de Coloriage

Maison Victorienne Livre de Coloriage

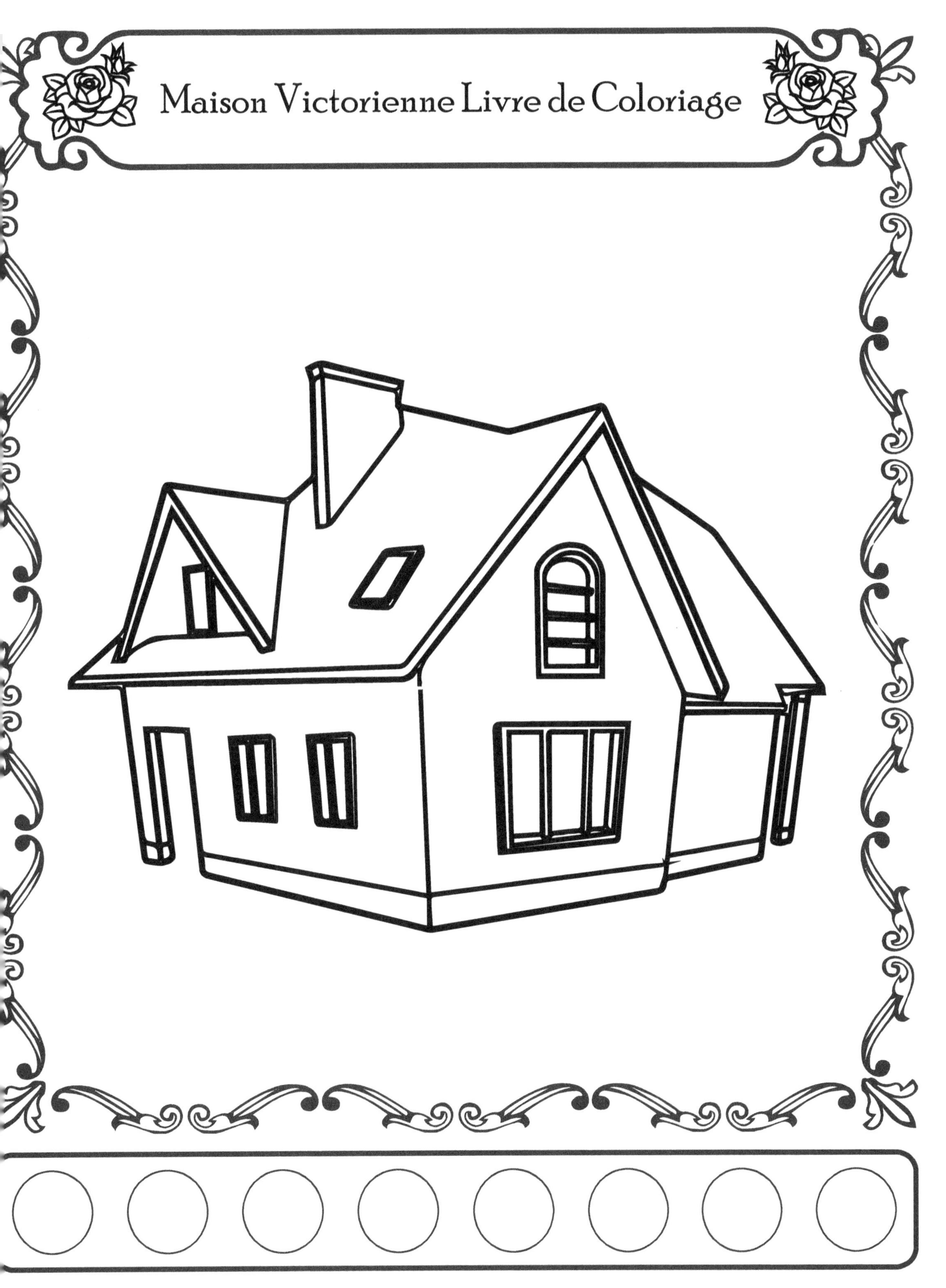

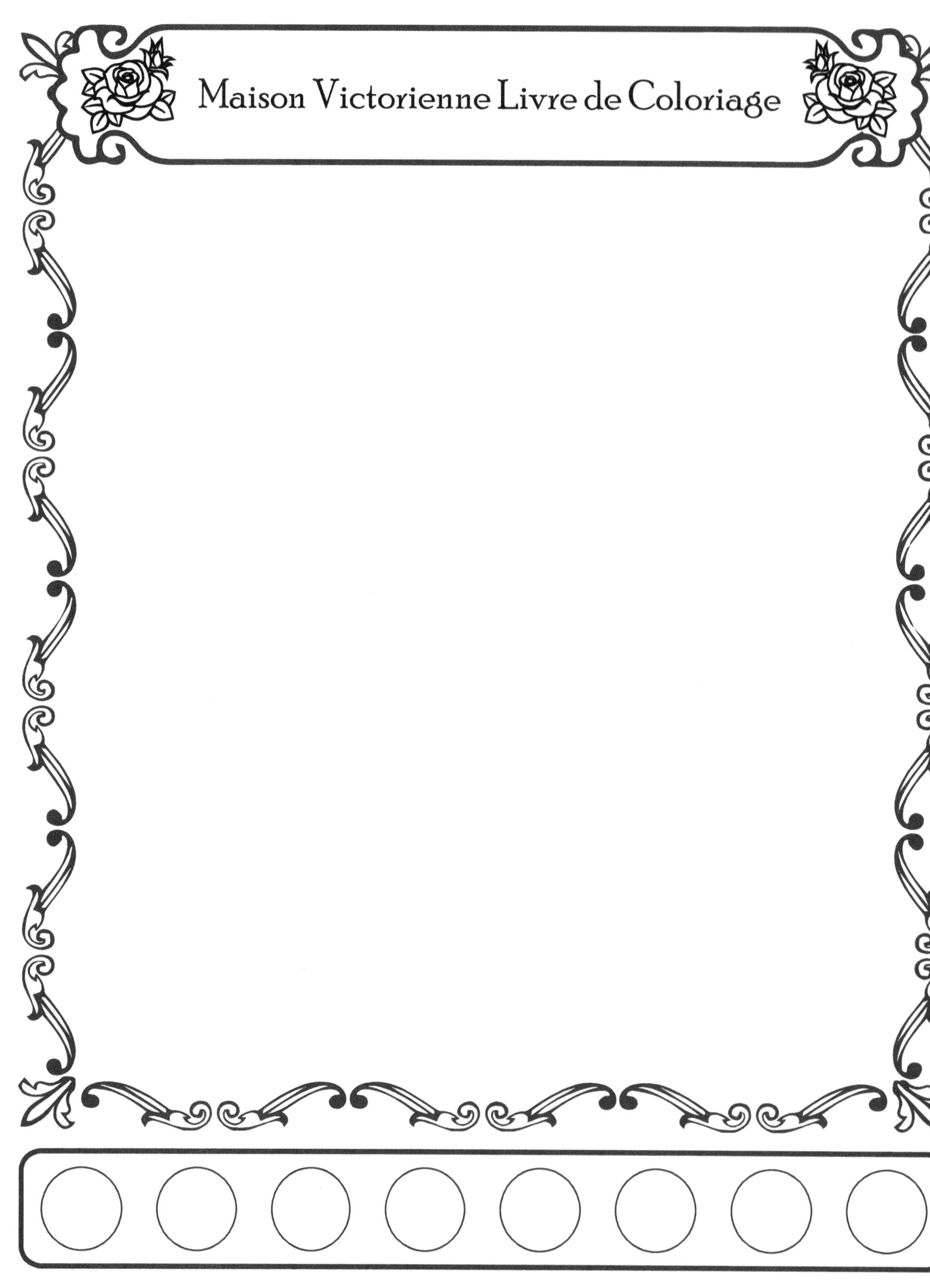

Maison Victorienne Livre de Coloriage

Maison Victorienne Livre de Coloriage

Maison Victorienne Livre de Coloriage

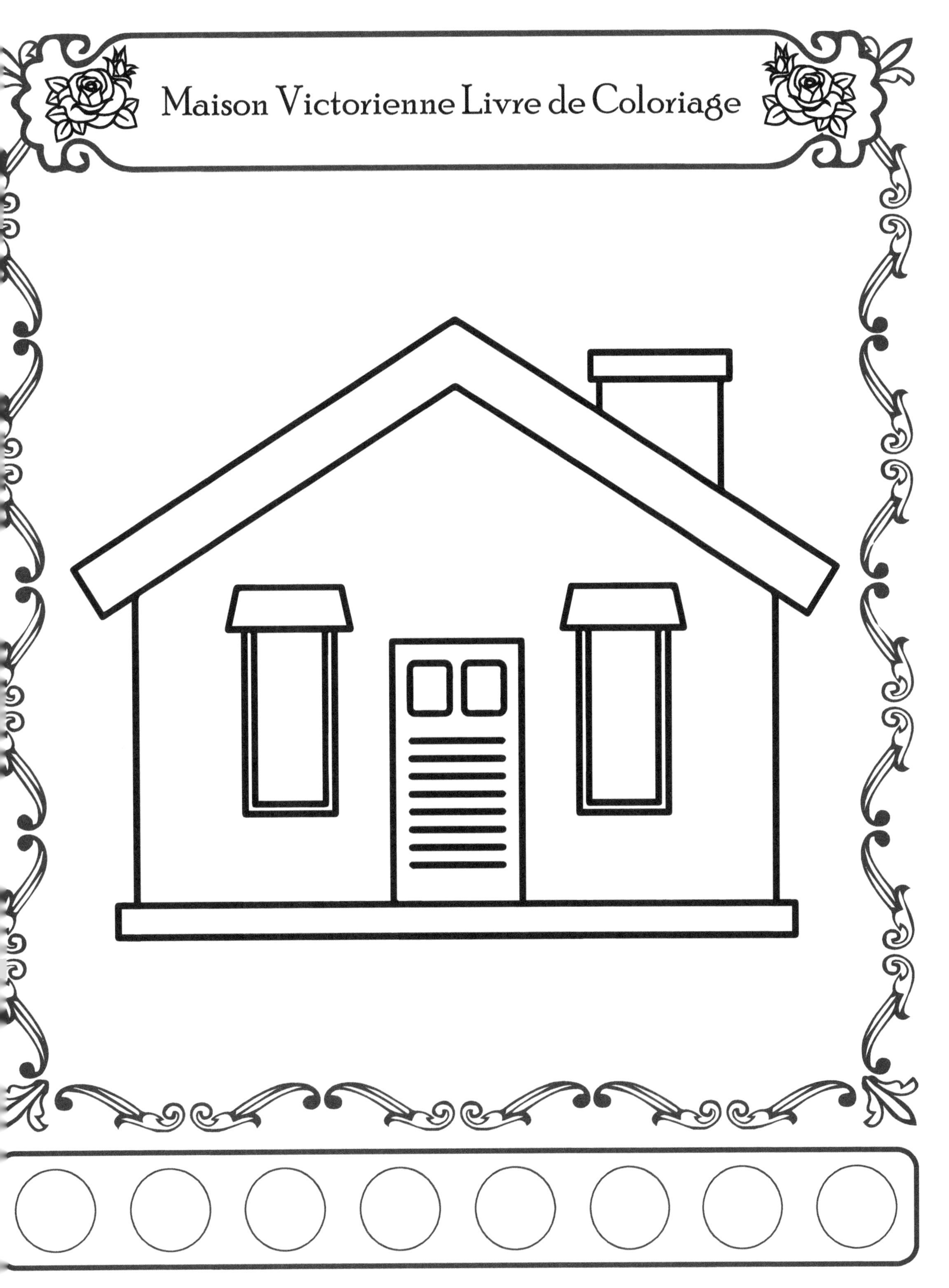

Maison Victorienne Livre de Coloriage

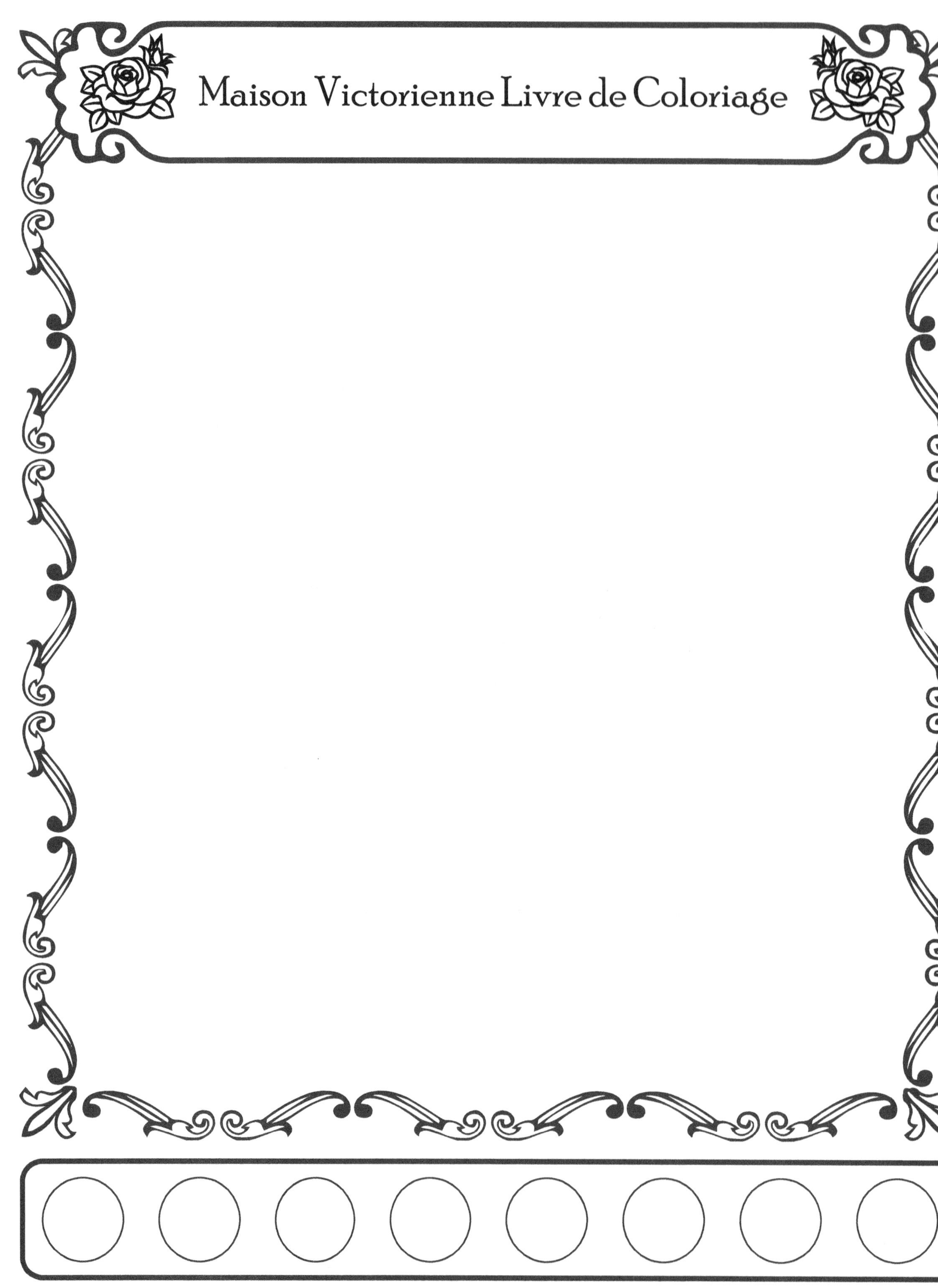

Maison Victorienne Livre de Coloriage

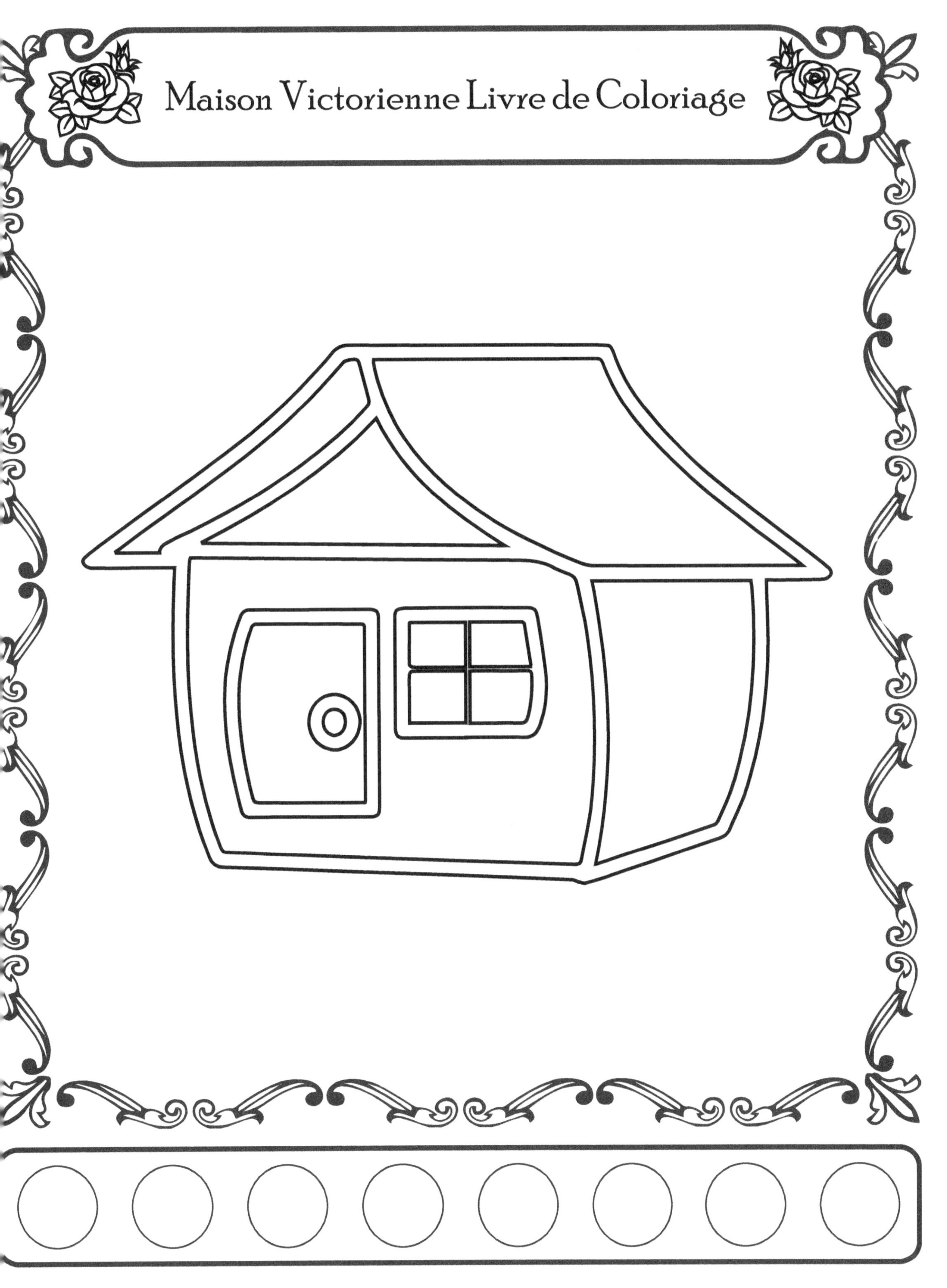

Maison Victorienne Livre de Coloriage

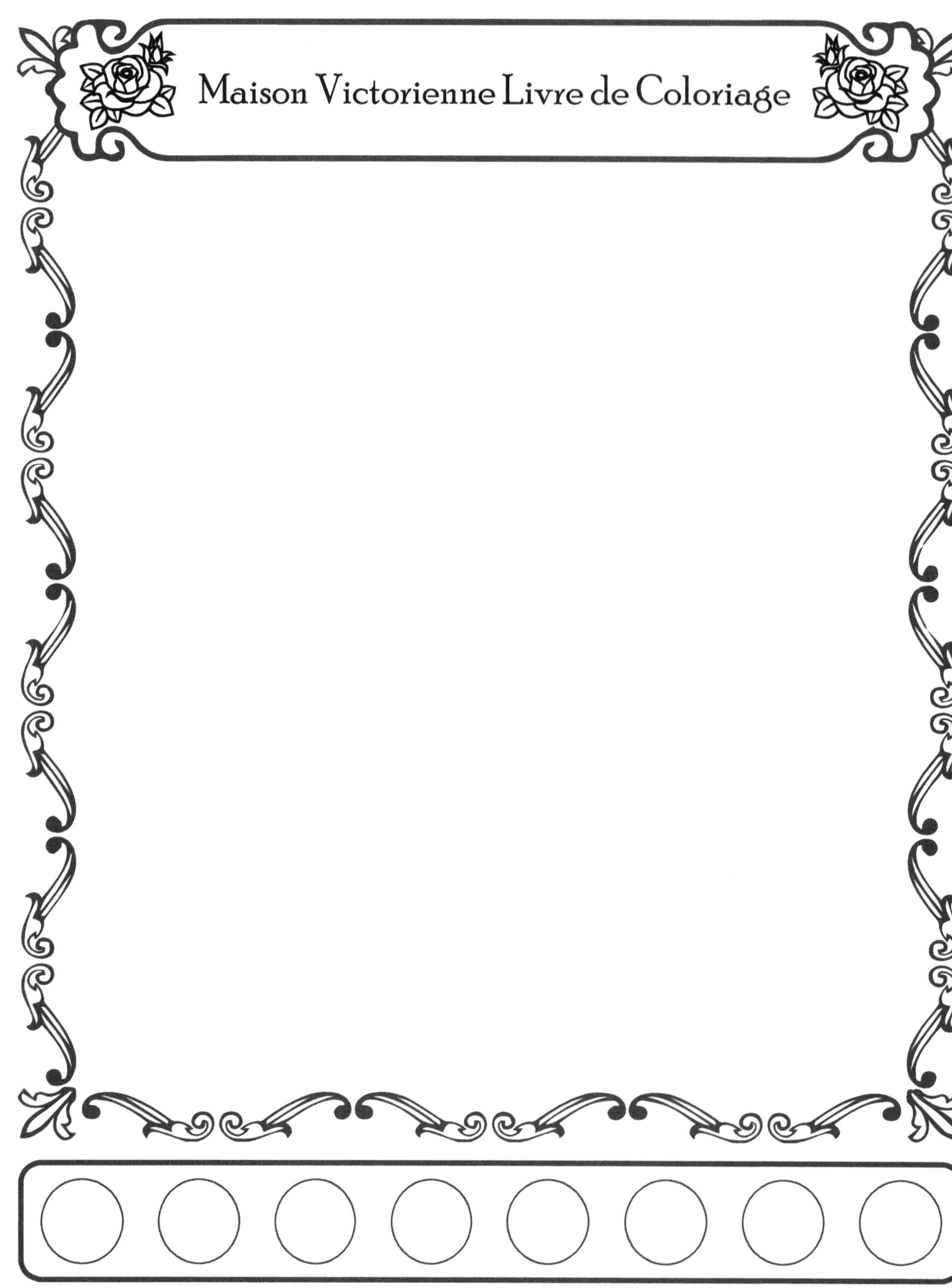
Maison Victorienne Livre de Coloriage

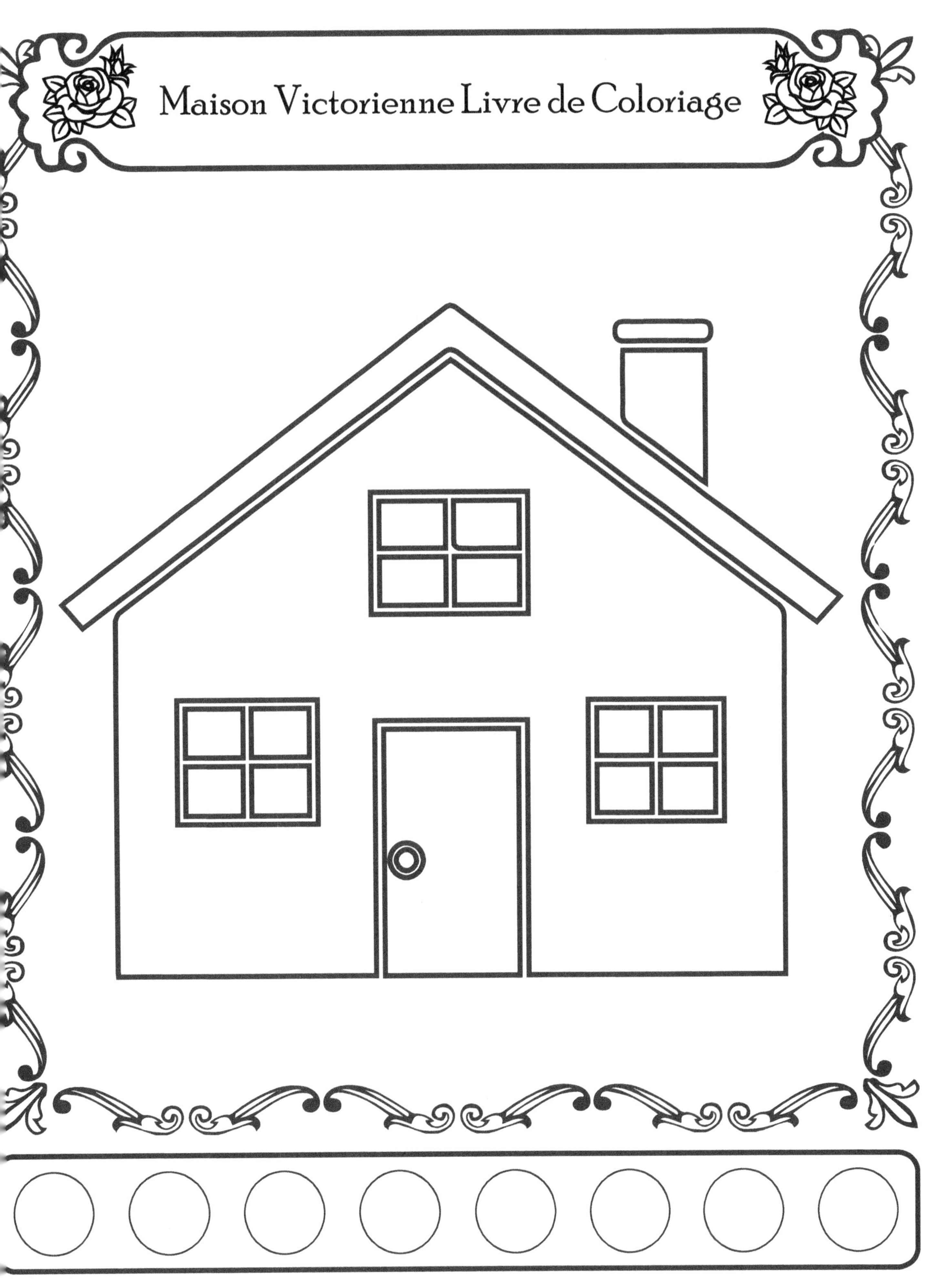

Maison Victorienne Livre de Coloriage

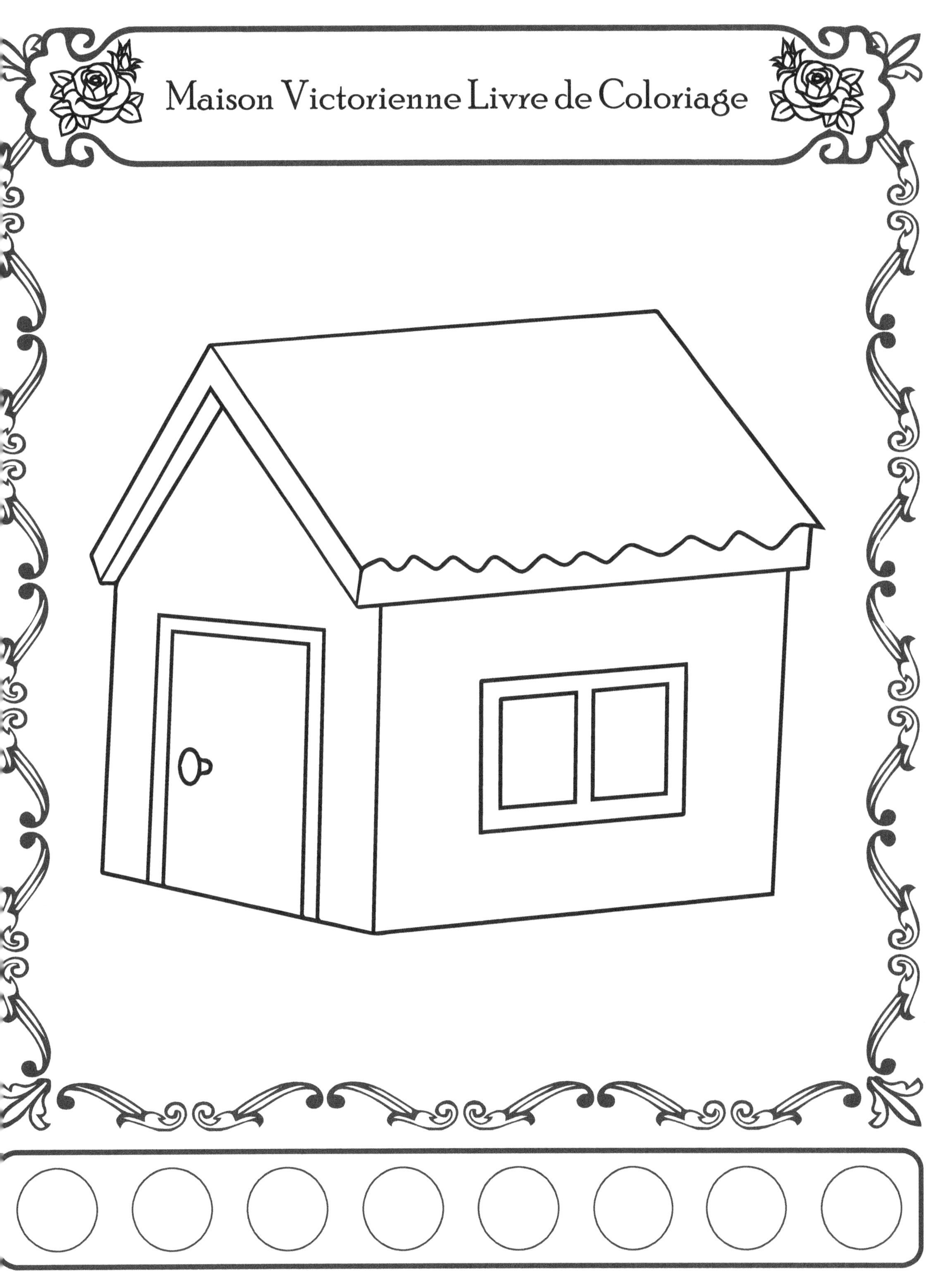

Maison Victorienne Livre de Coloriage

Maison Victorienne Livre de Coloriage

Maison Victorienne Livre de Coloriage

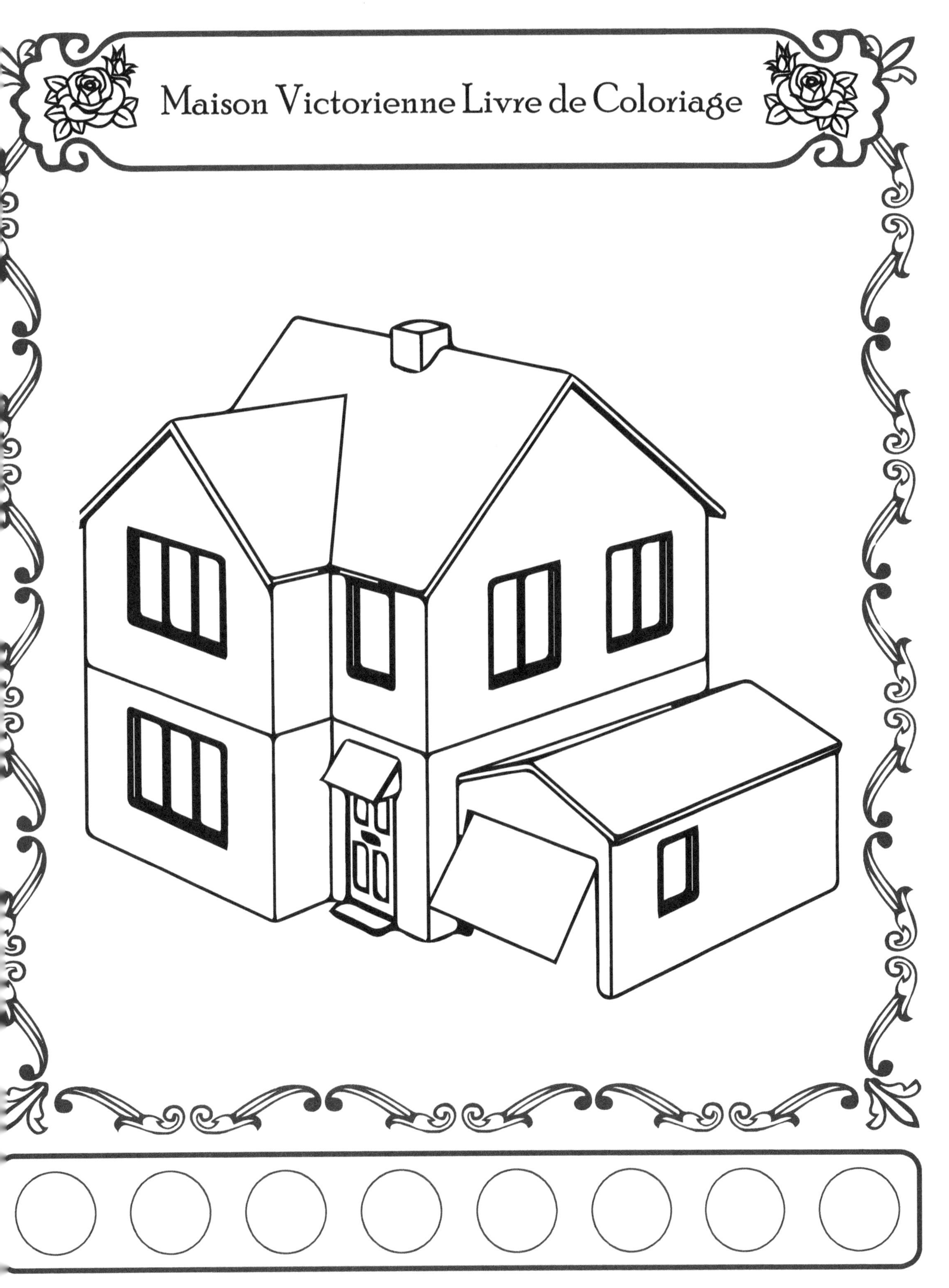

Maison Victorienne Livre de Coloriage

Maison Victorienne Livre de Coloriage

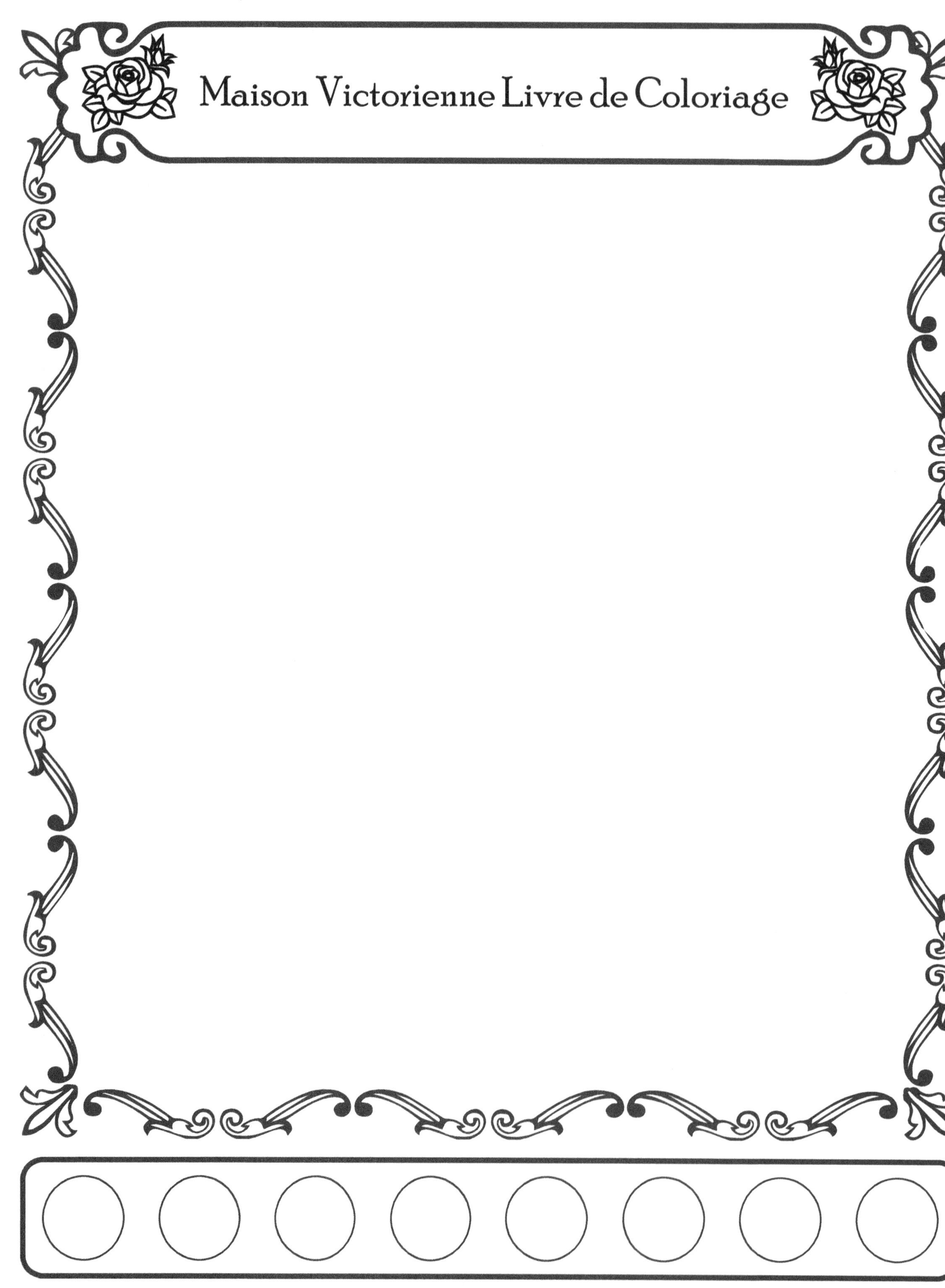

Maison Victorienne Livre de Coloriage

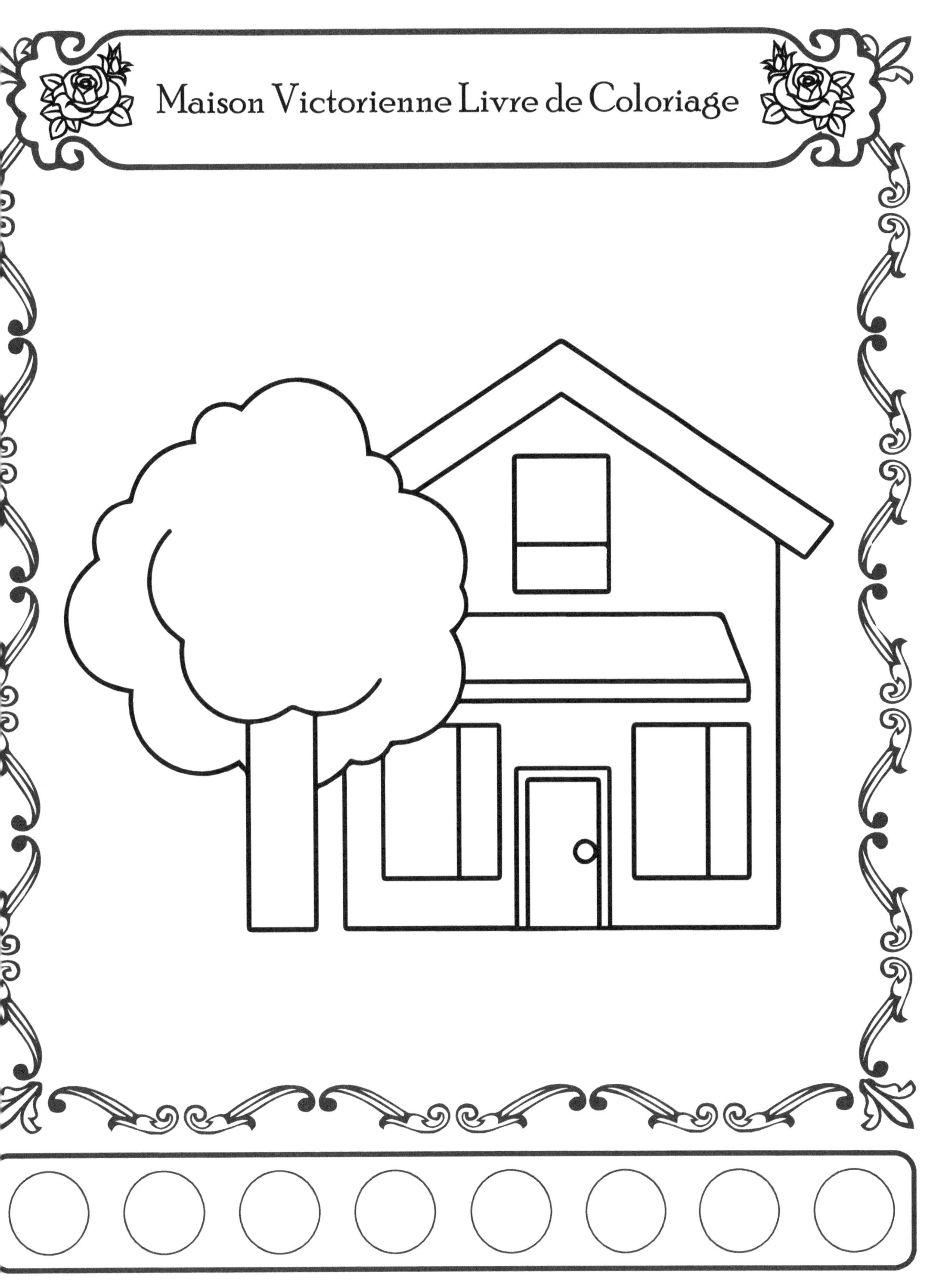
Maison Victorienne Livre de Coloriage

Maison Victorienne Livre de Coloriage

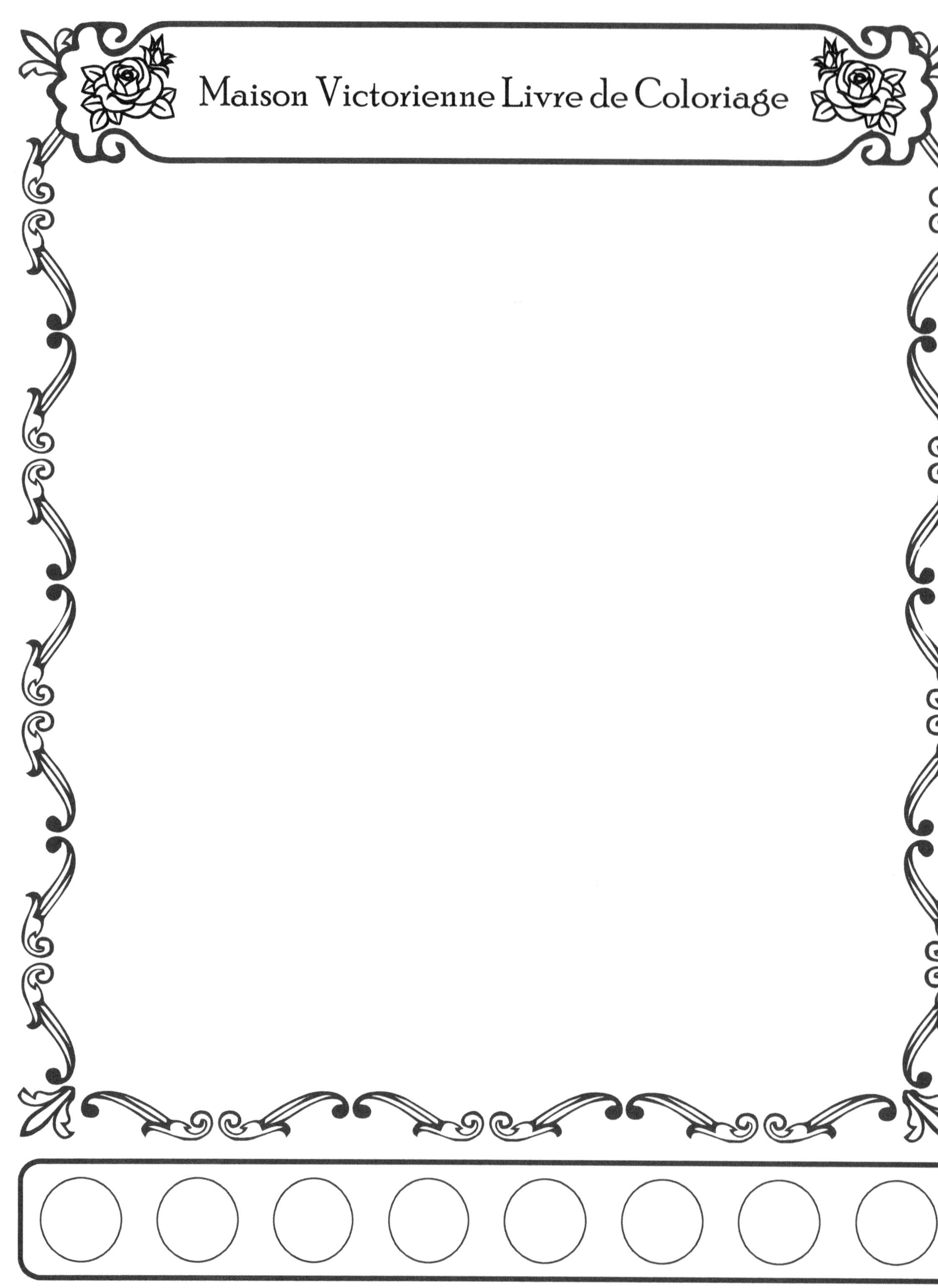

Maison Victorienne Livre de Coloriage

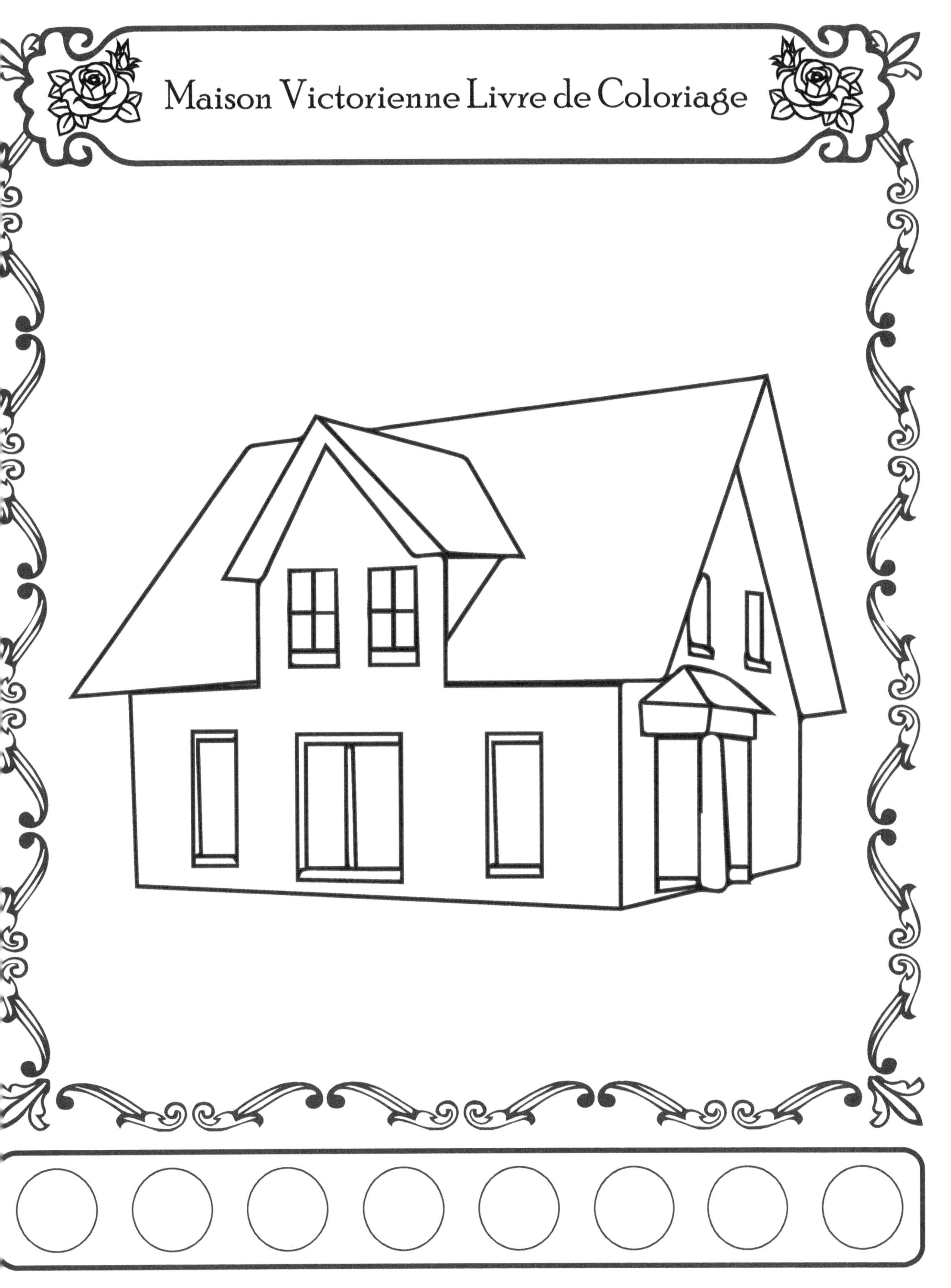

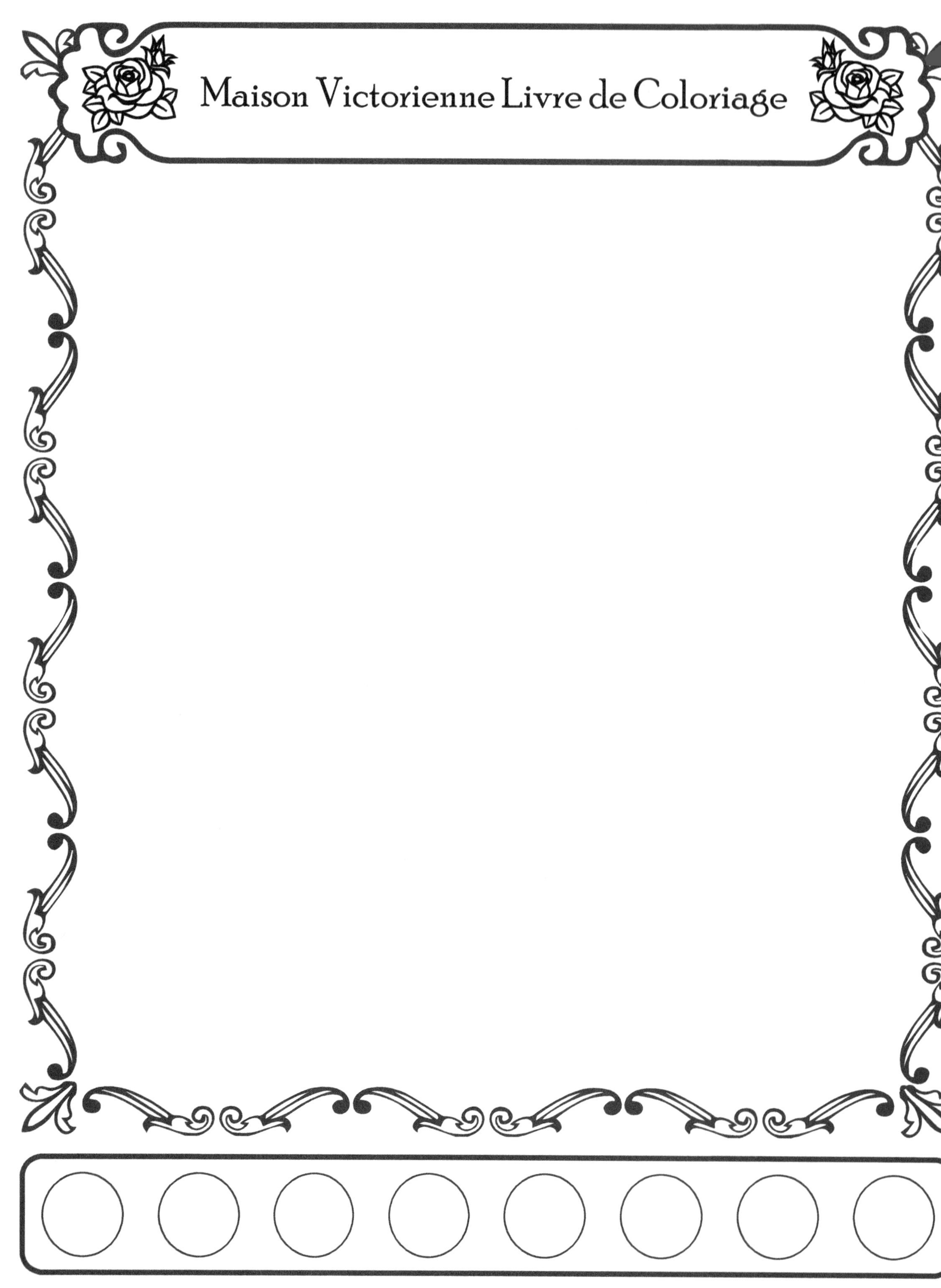

Maison Victorienne Livre de Coloriage

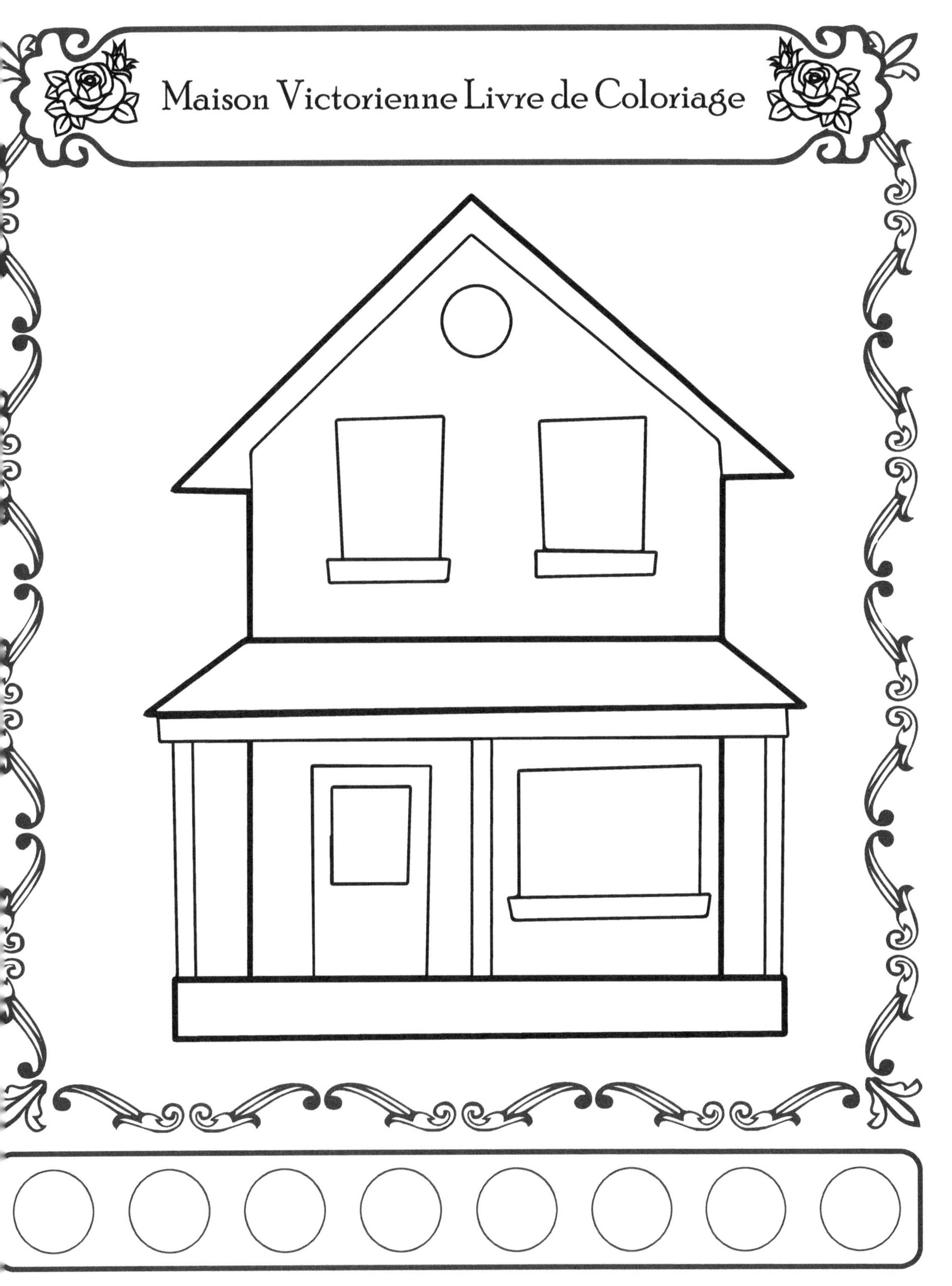

Maison Victorienne Livre de Coloriage

Maison Victorienne Livre de Coloriage

Maison Victorienne Livre de Coloriage

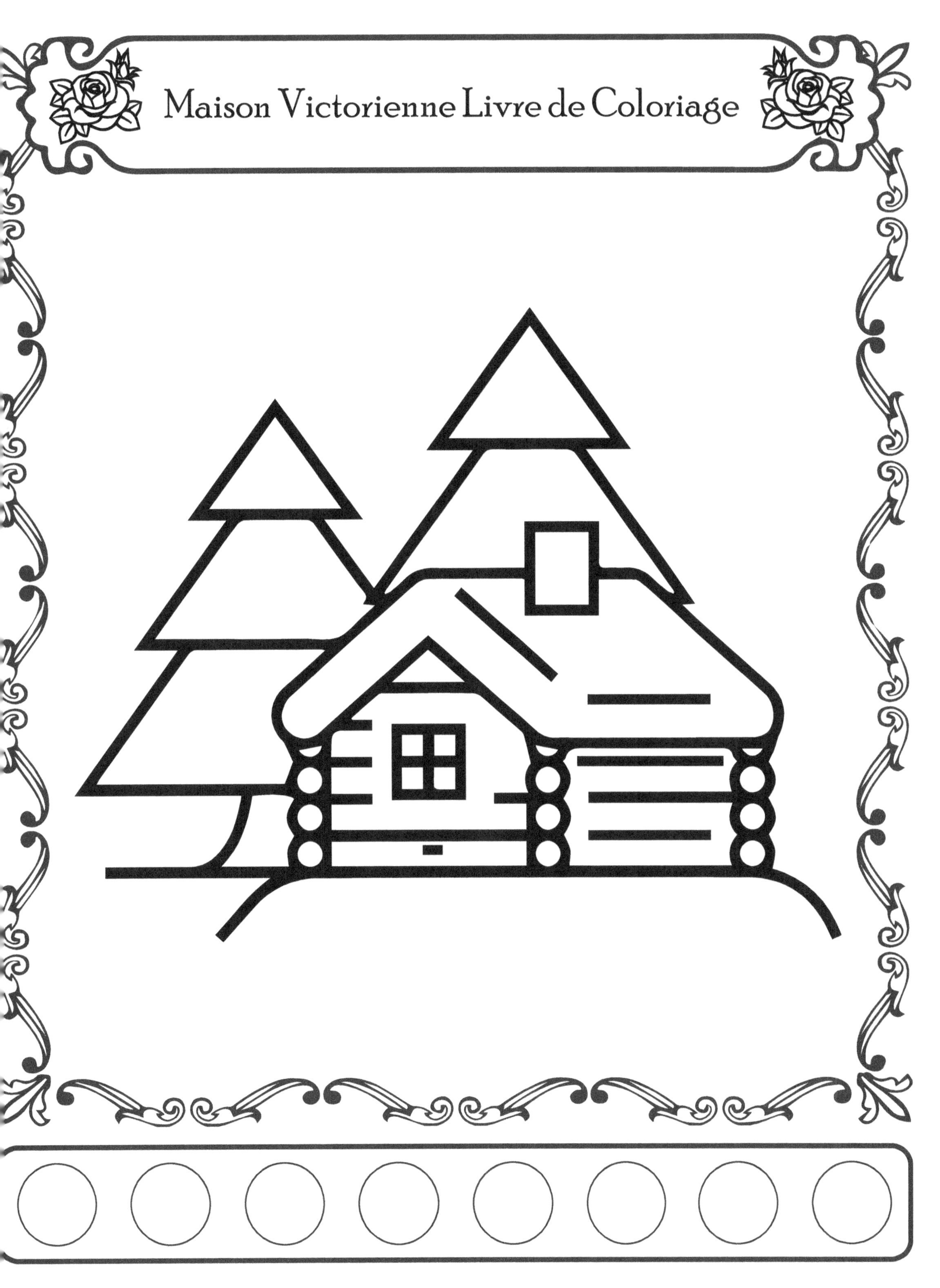

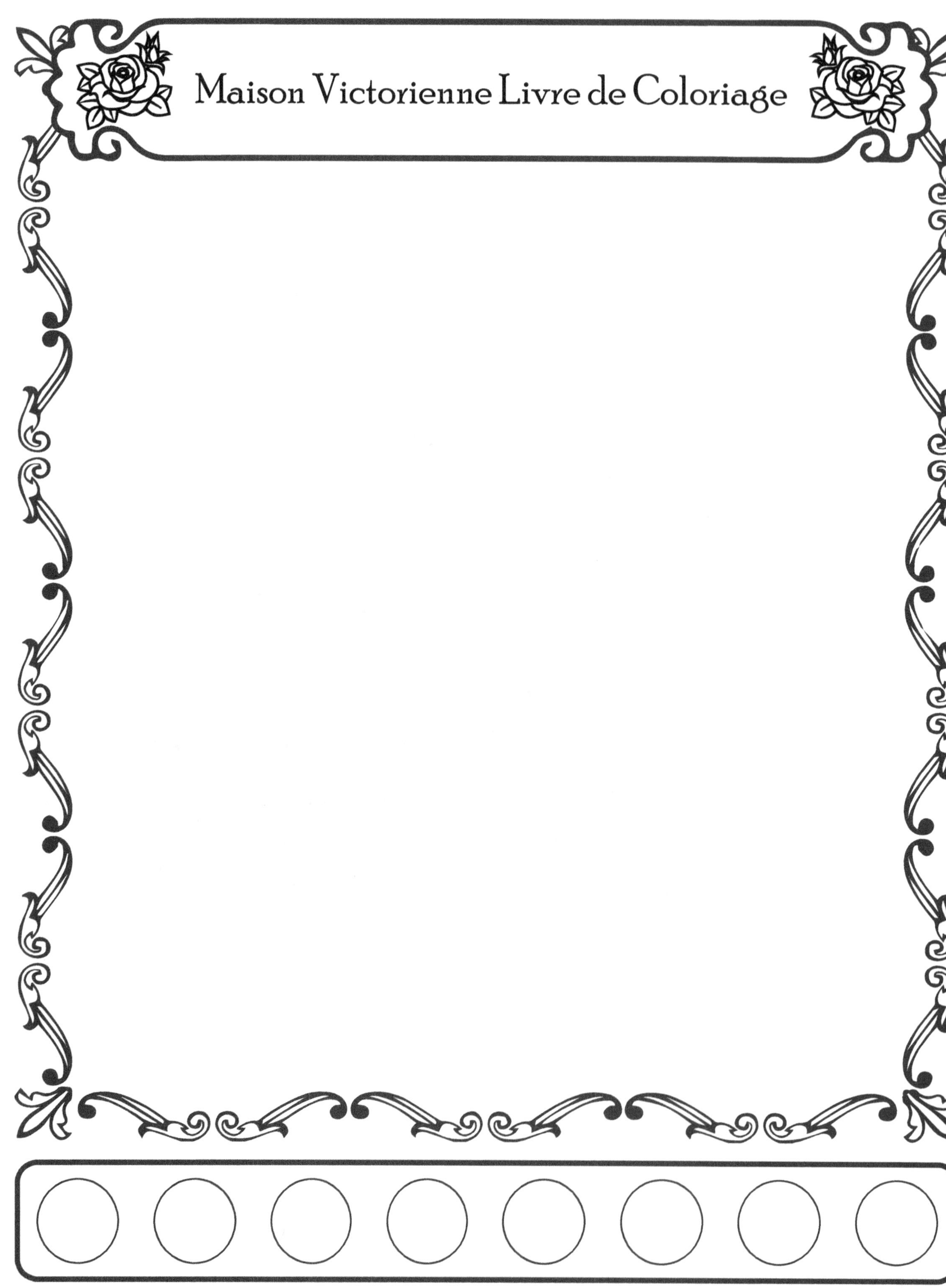

Maison Victorienne Livre de Coloriage

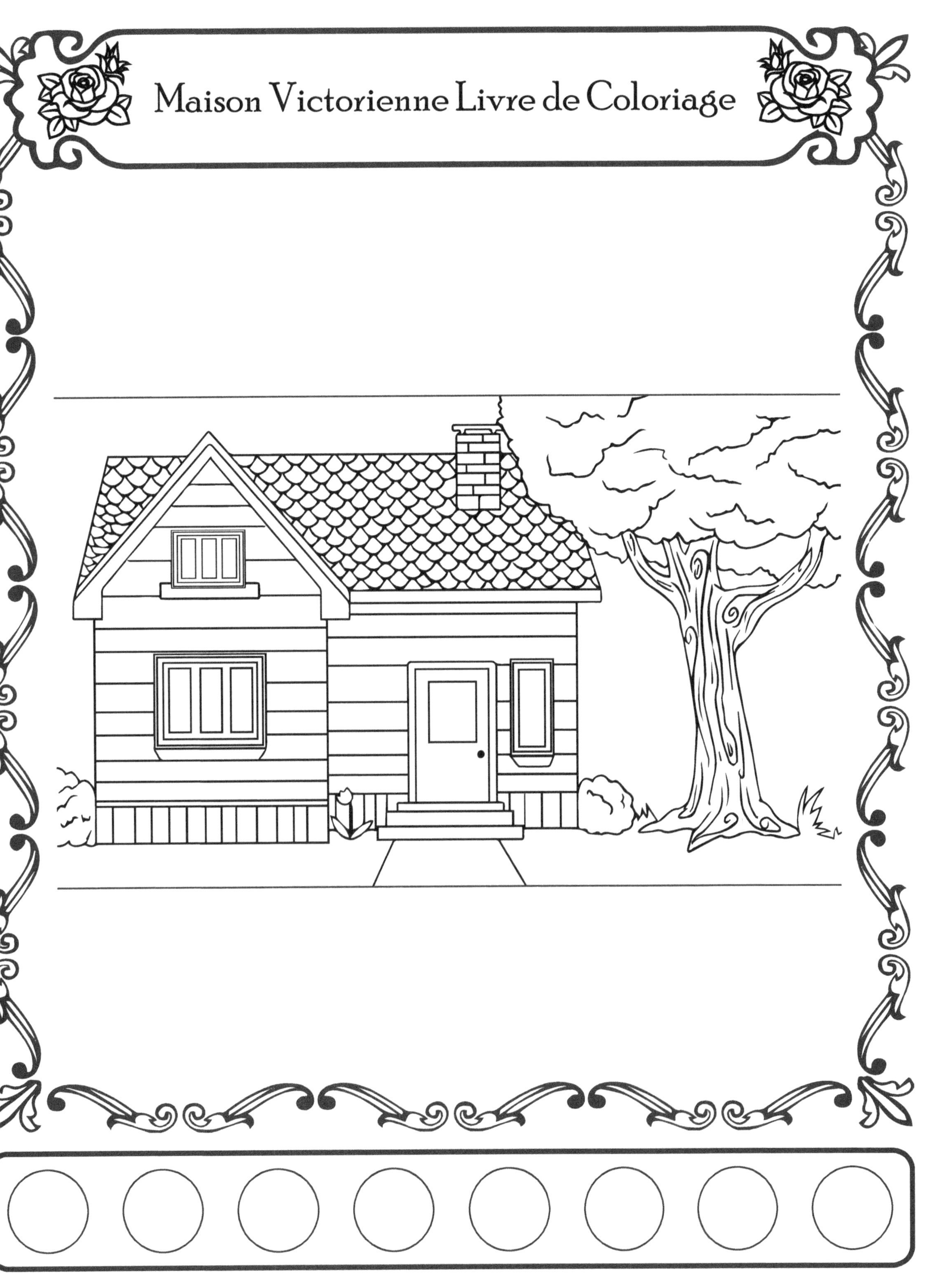
Maison Victorienne Livre de Coloriage

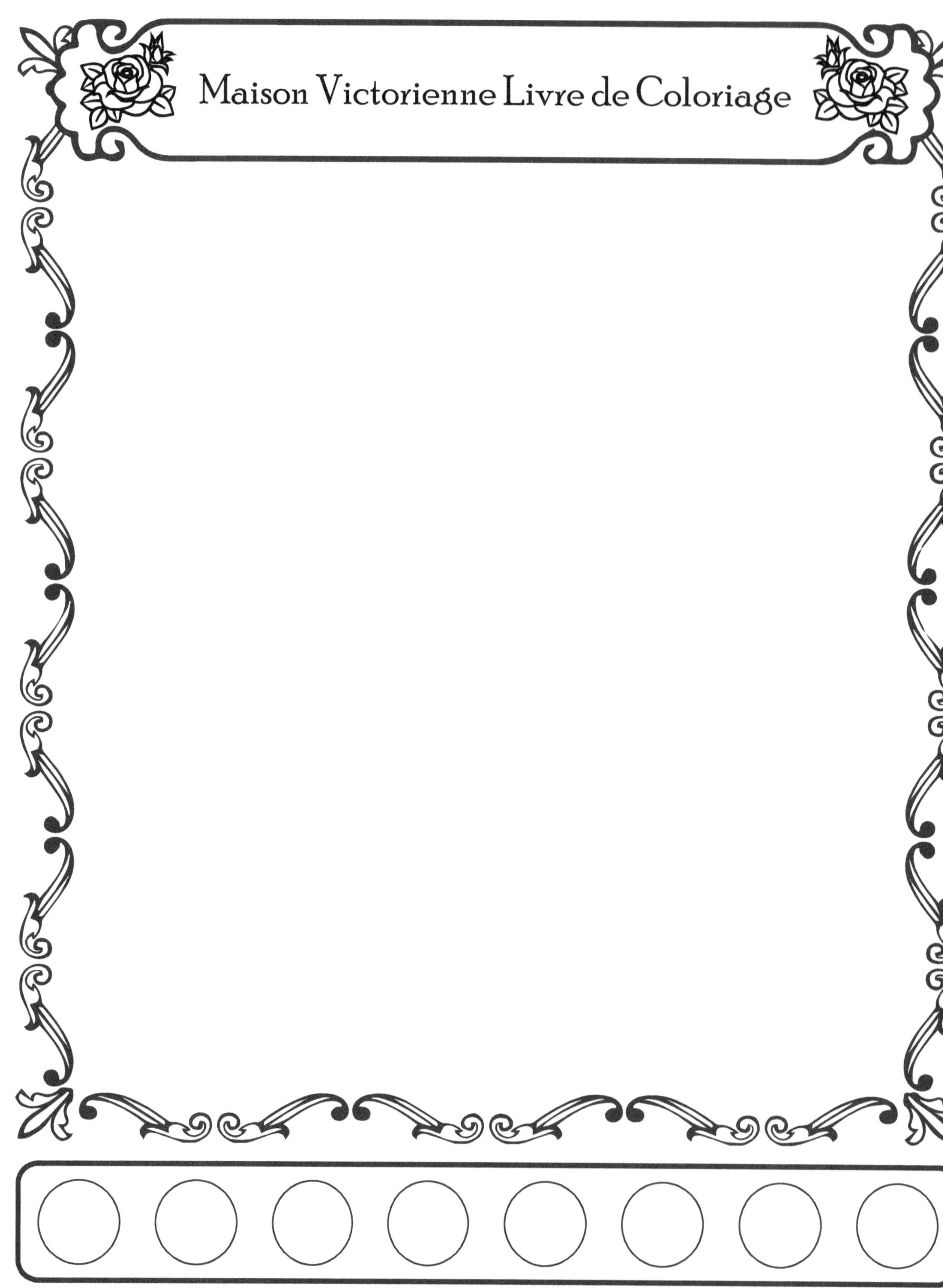
Maison Victorienne Livre de Coloriage

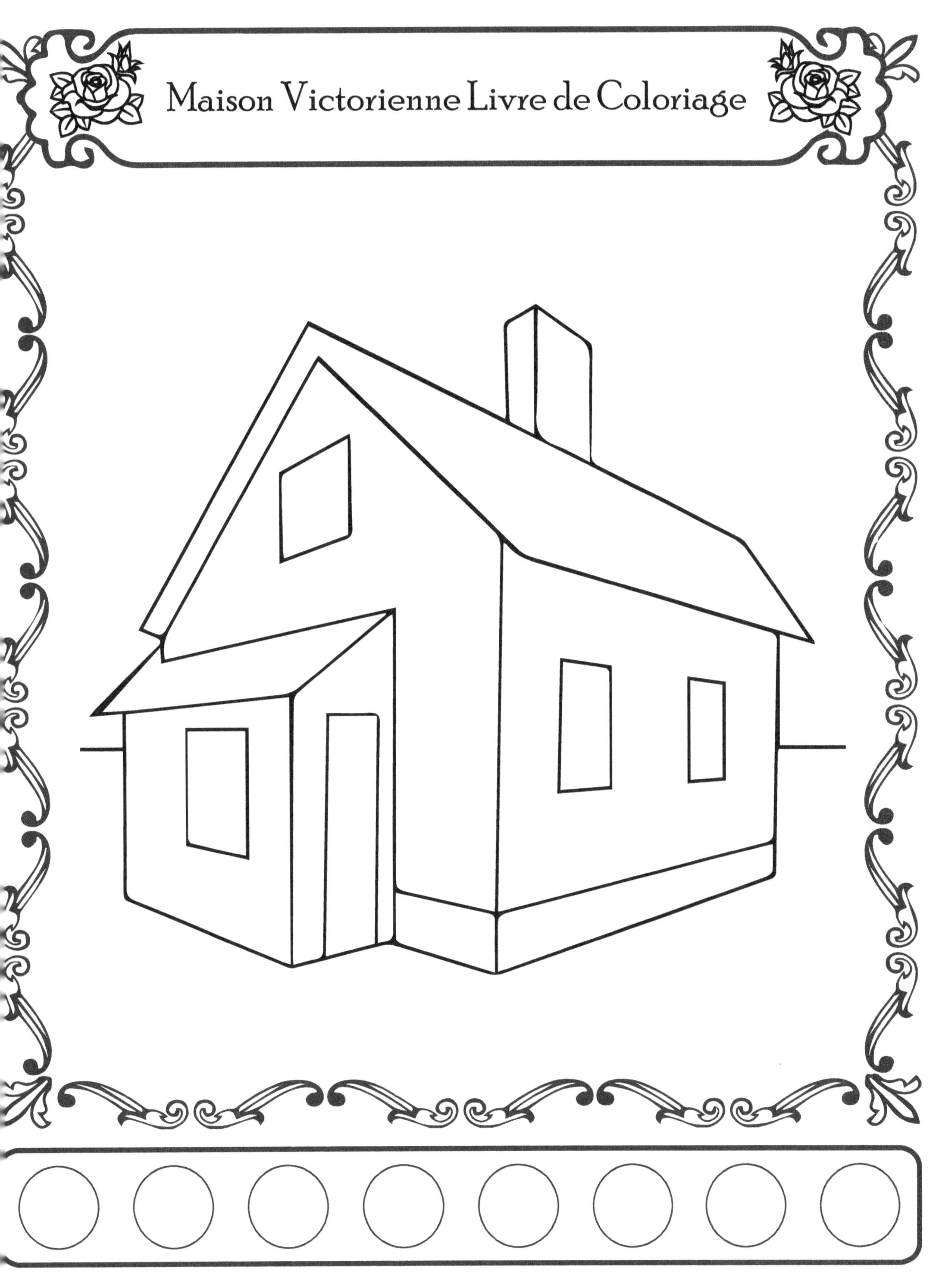

Maison Victorienne Livre de Coloriage

Maison Victorienne Livre de Coloriage

Maison Victorienne Livre de Coloriage

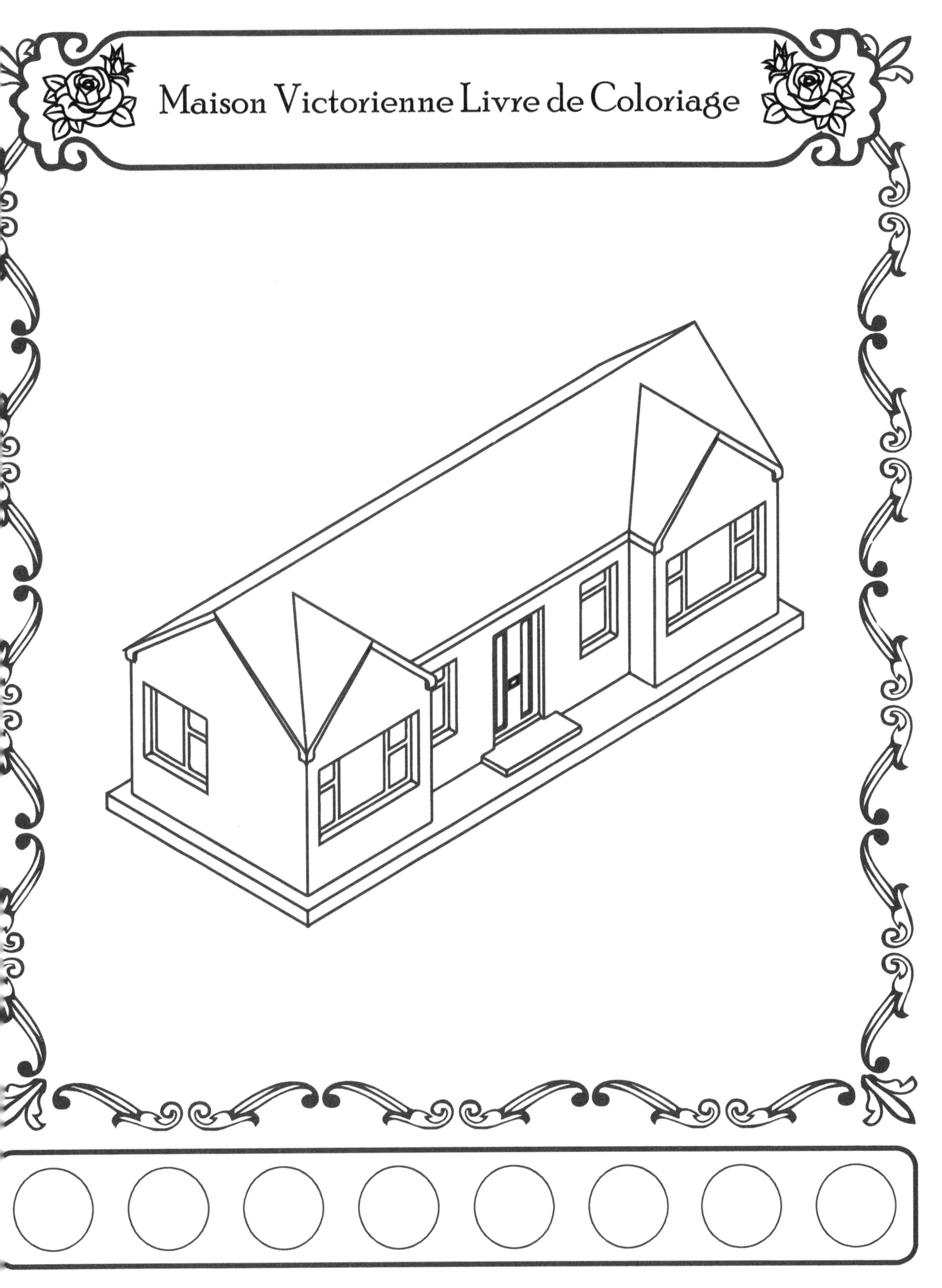

Maison Victorienne Livre de Coloriage

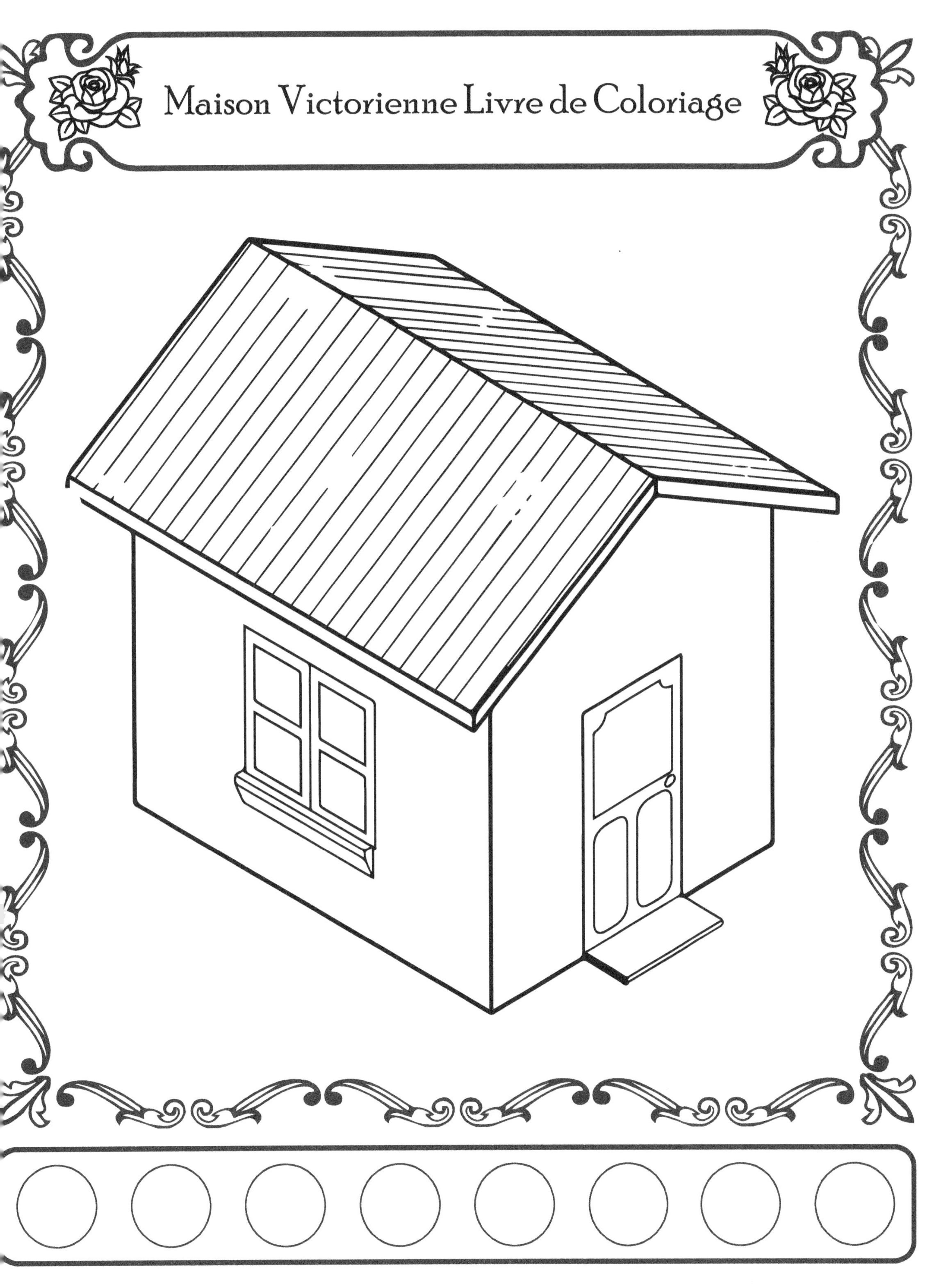
Maison Victorienne Livre de Coloriage

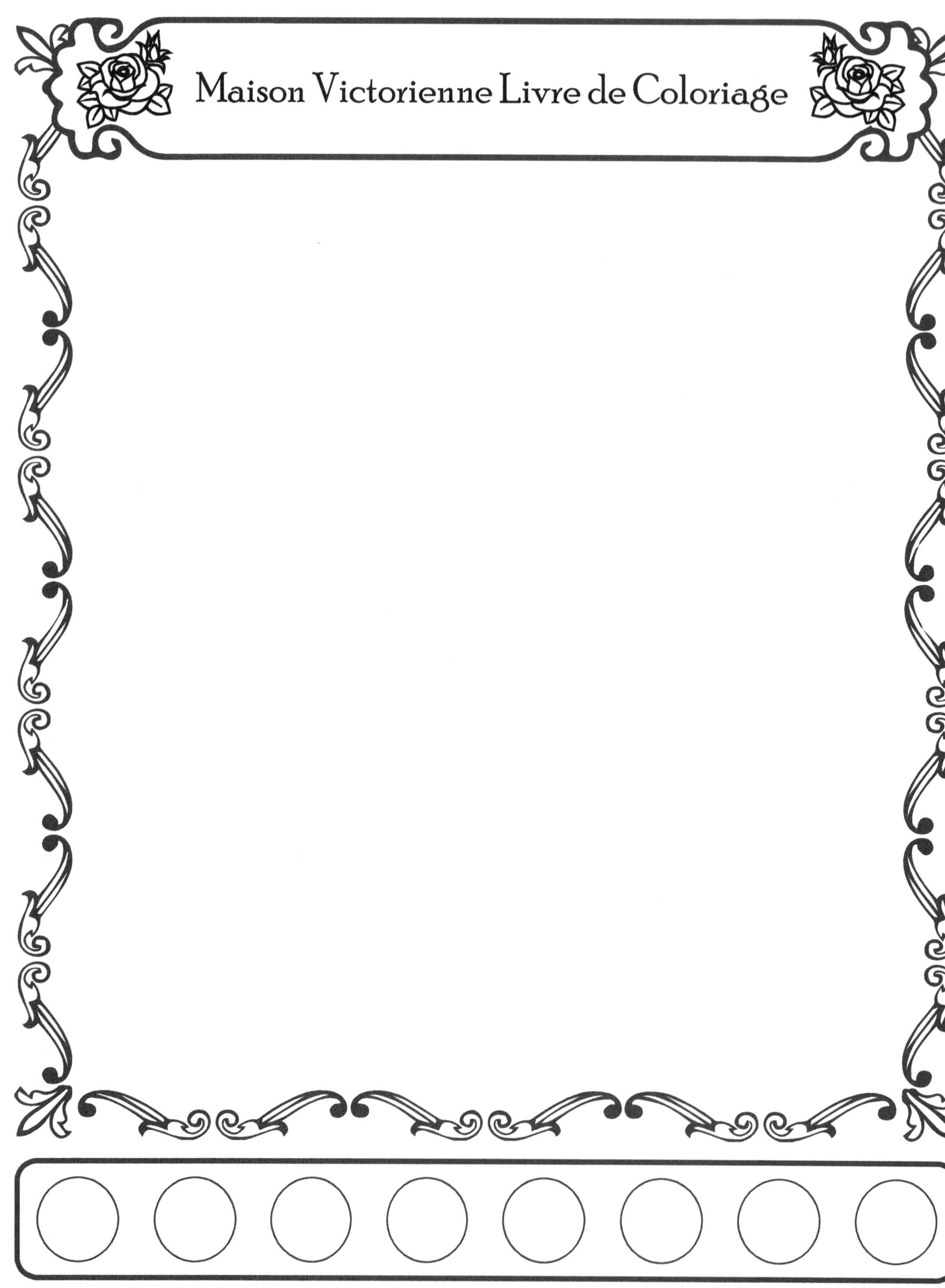

Maison Victorienne Livre de Coloriage

Maison Victorienne Livre de Coloriage

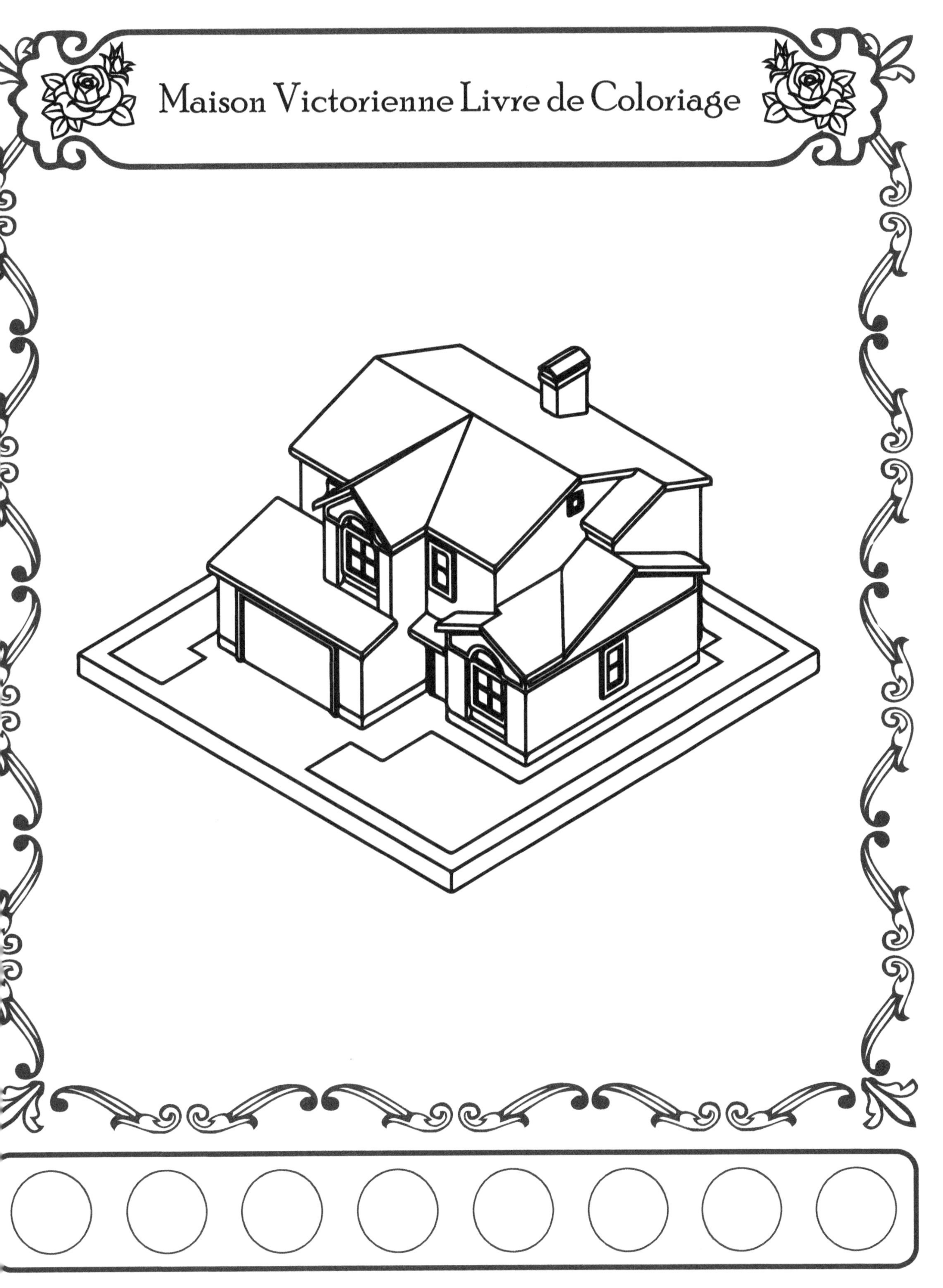

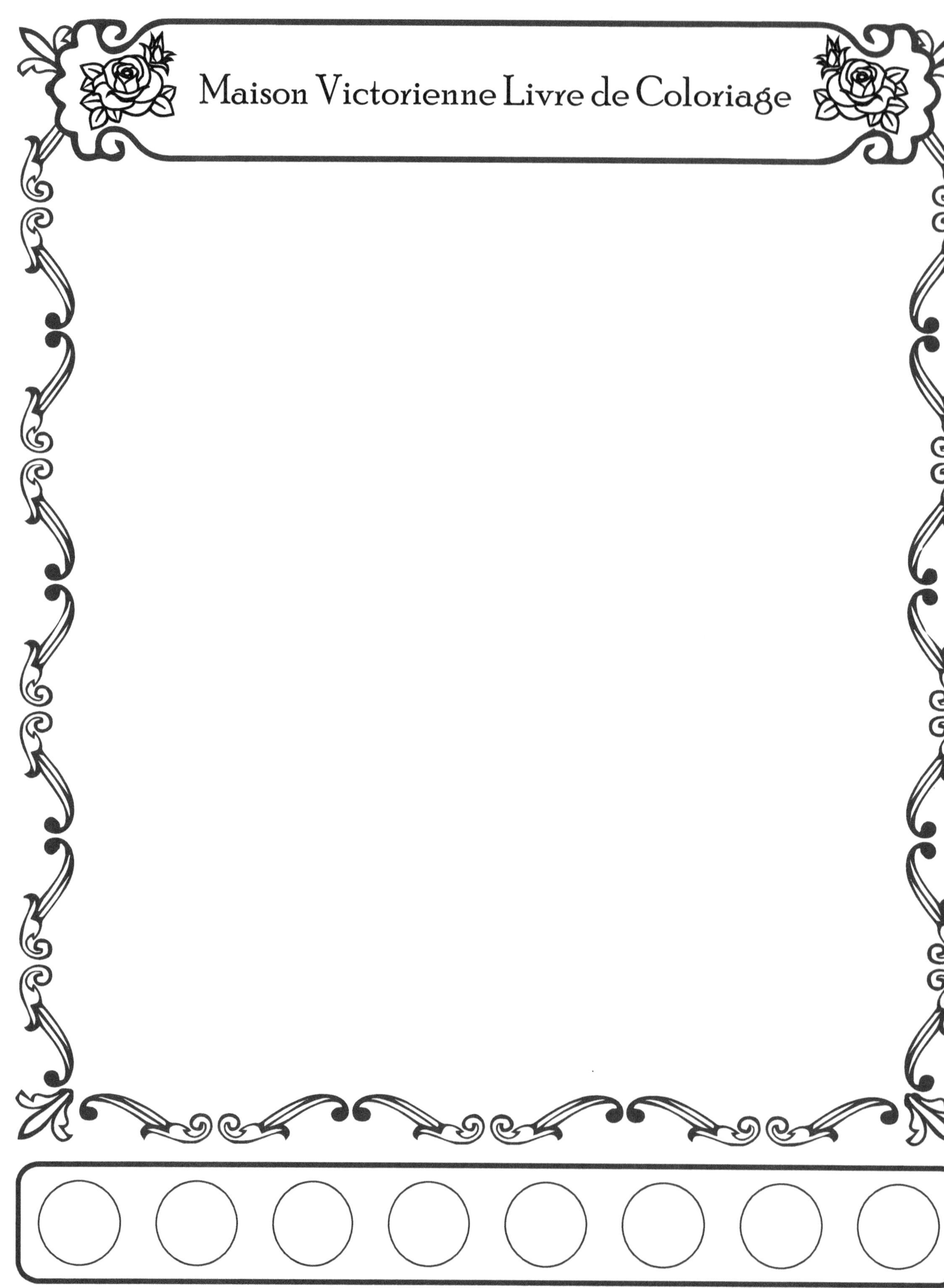
Maison Victorienne Livre de Coloriage

Maison Victorienne Livre de Coloriage

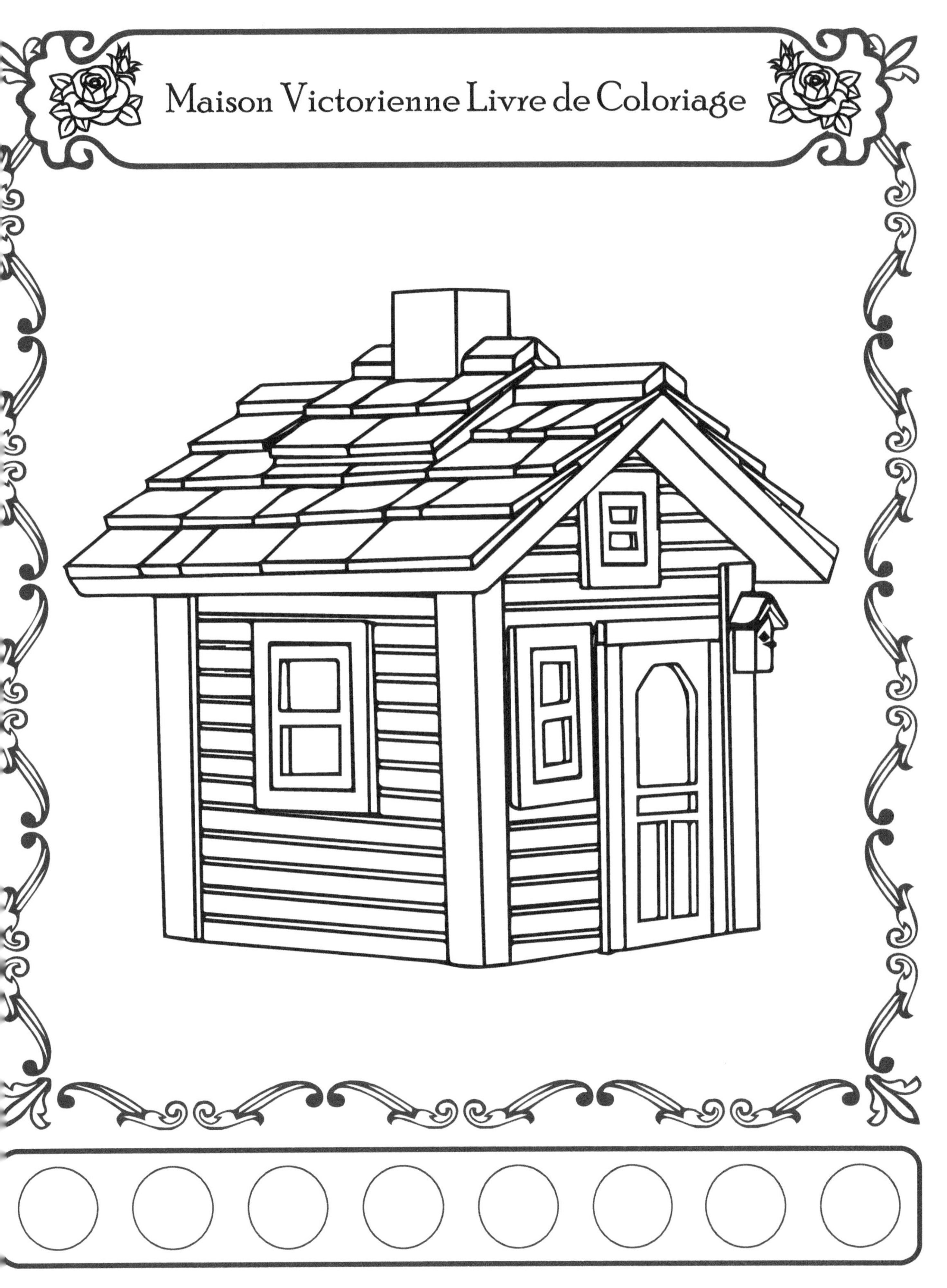

Maison Victorienne Livre de Coloriage

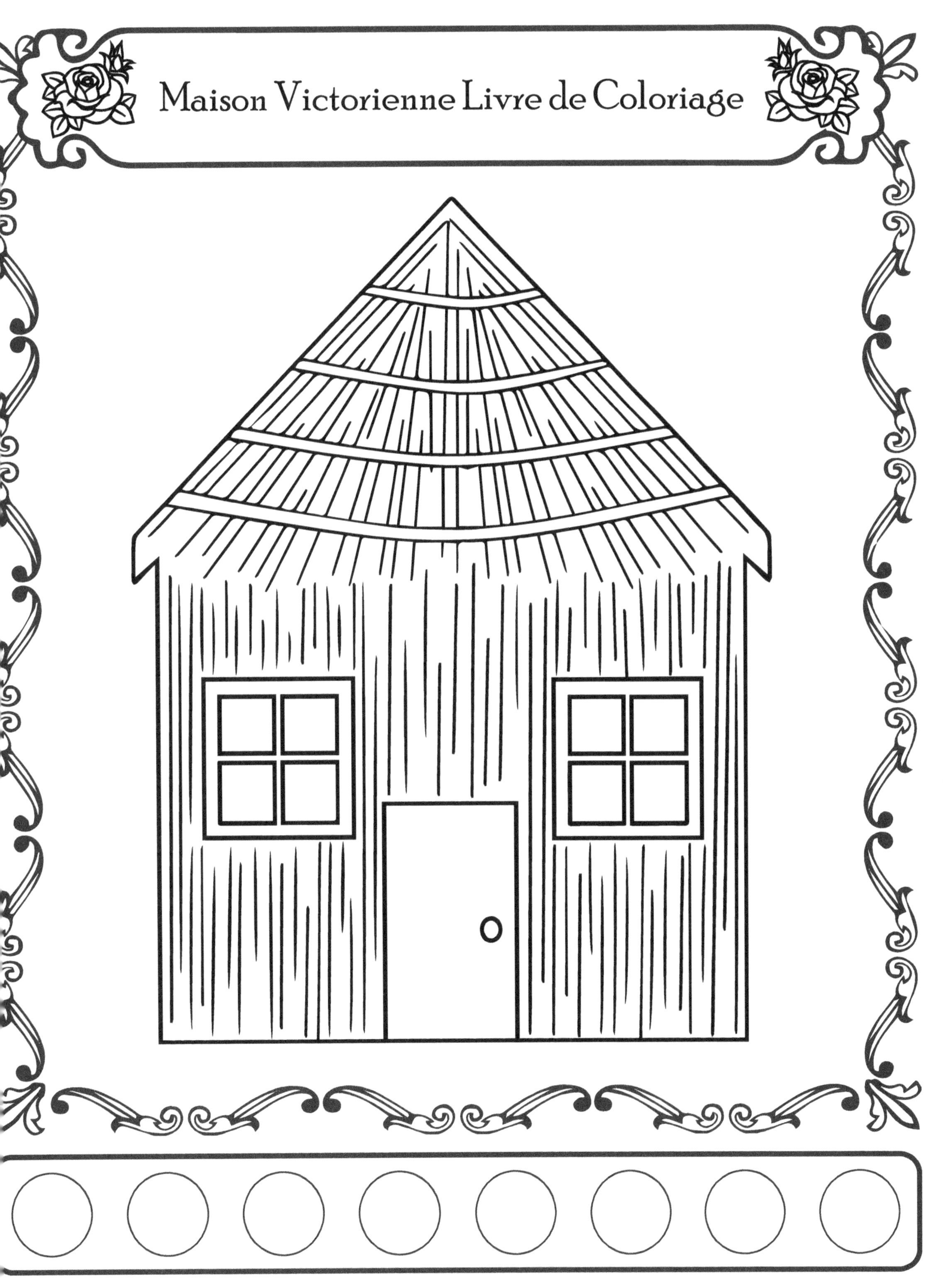

Maison Victorienne Livre de Coloriage

Maison Victorienne Livre de Coloriage

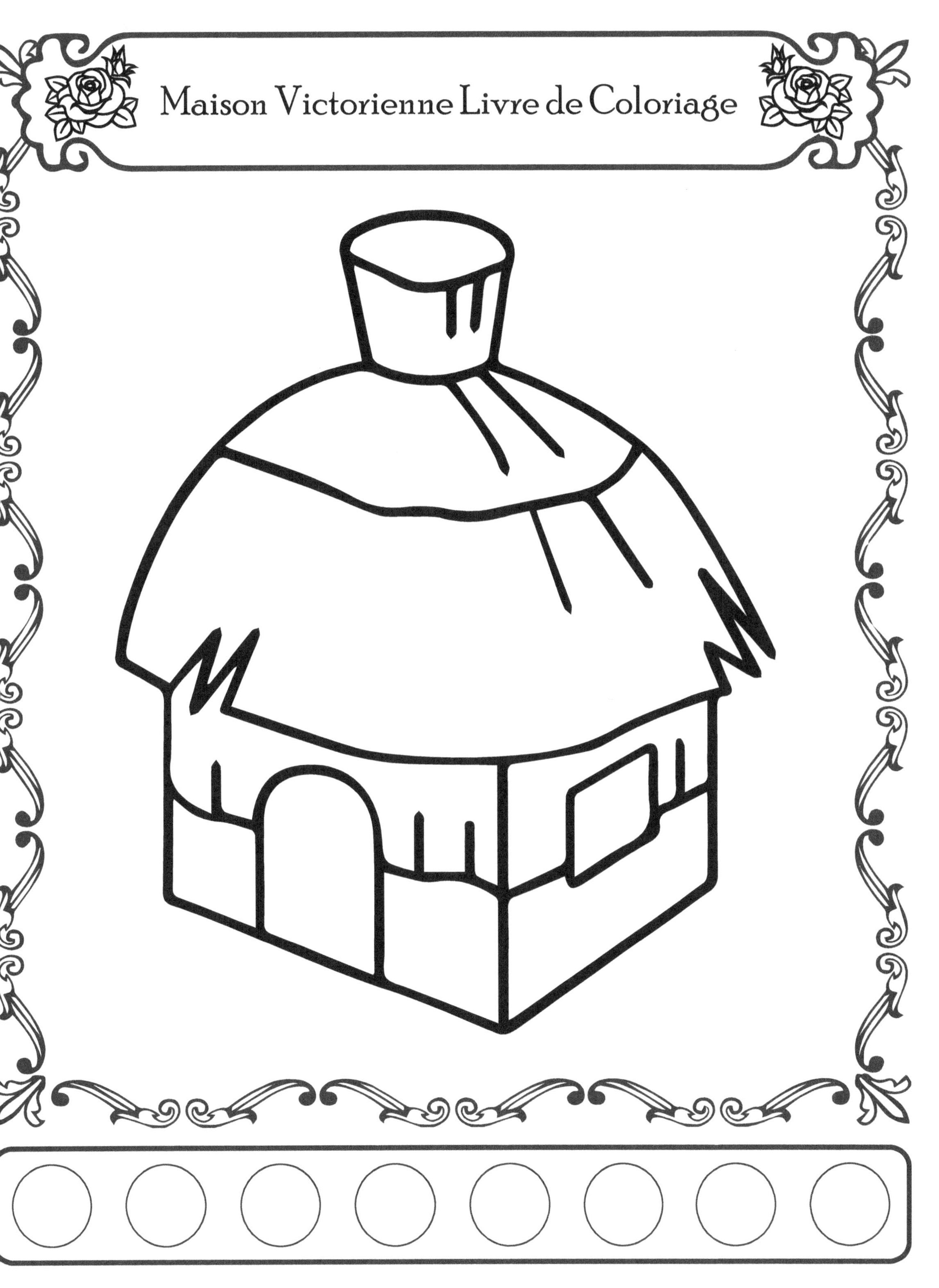

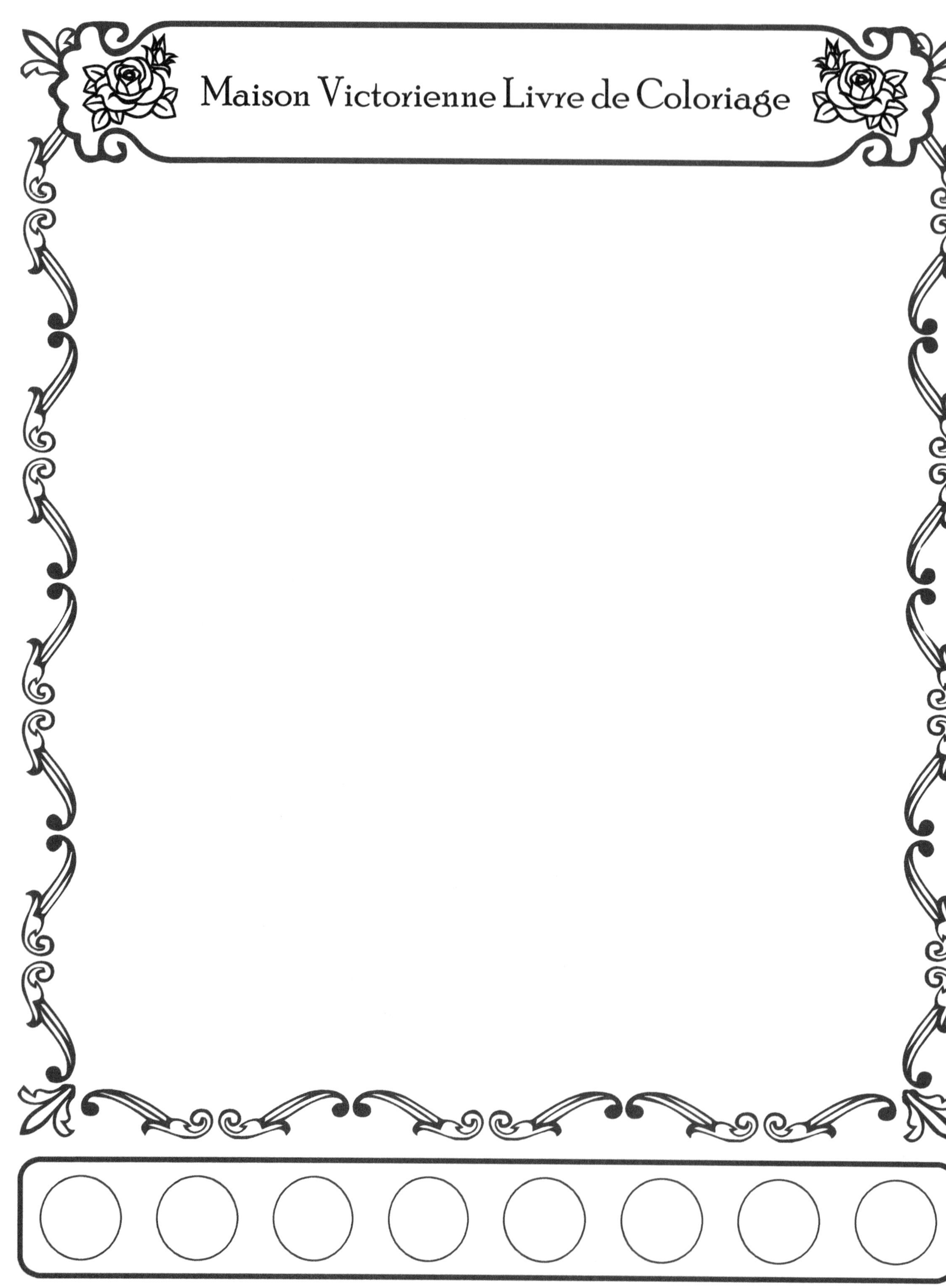
Maison Victorienne Livre de Coloriage

Maison Victorienne Livre de Coloriage

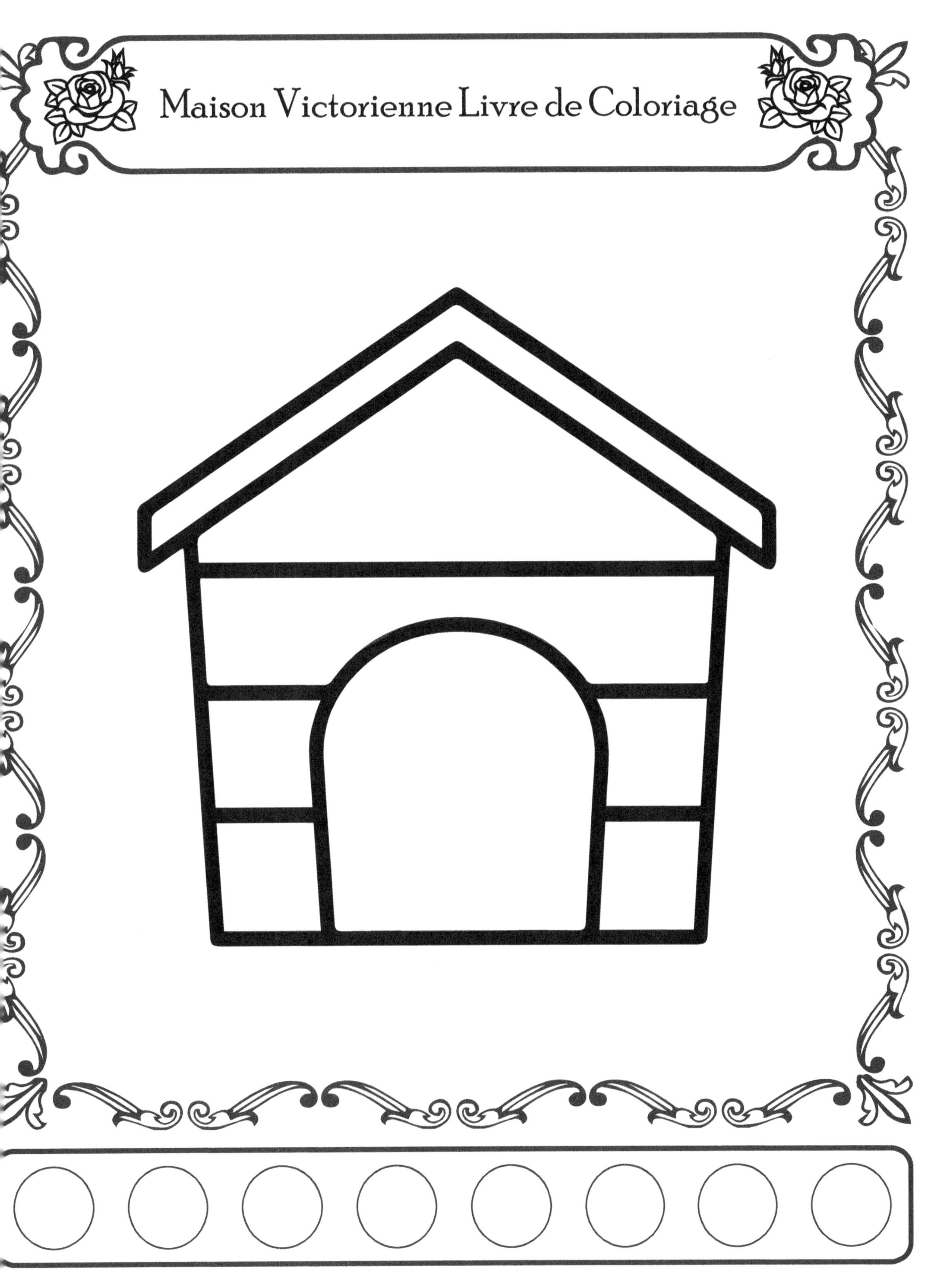

Maison Victorienne Livre de Coloriage

Maison Victorienne Livre de Coloriage

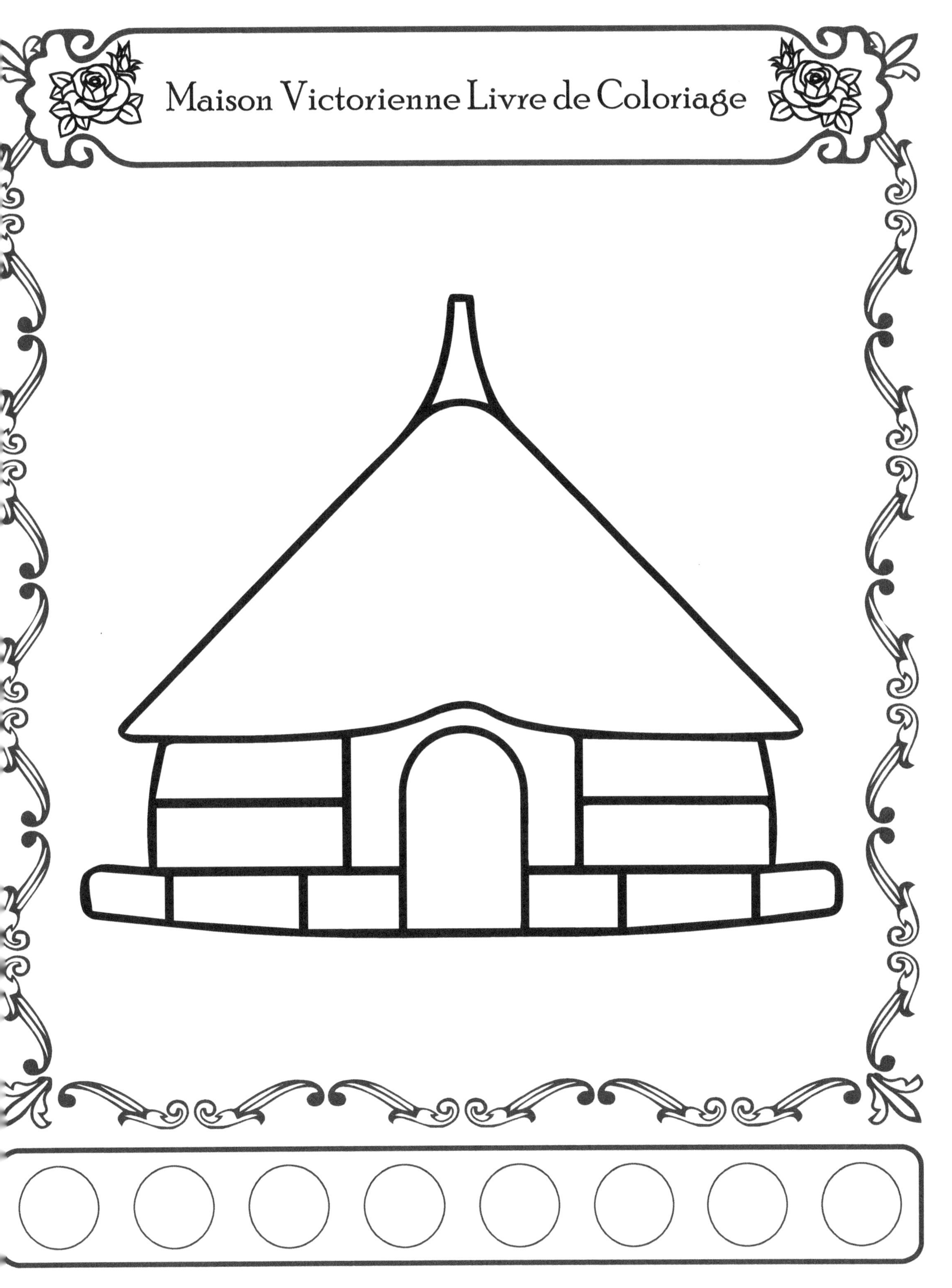

Maison Victorienne Livre de Coloriage

Maison Victorienne Livre de Coloriage

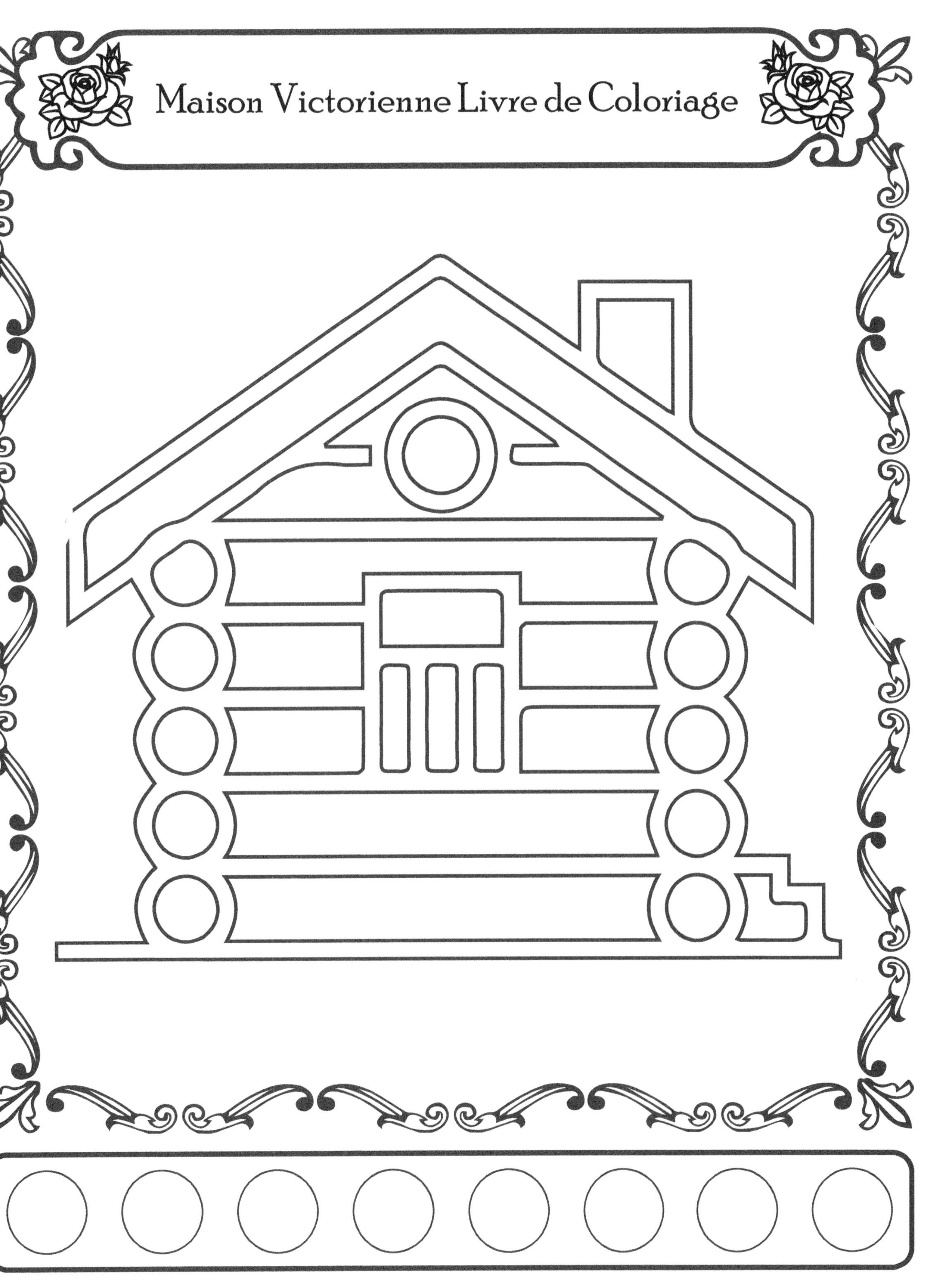

Maison Victorienne Livre de Coloriage

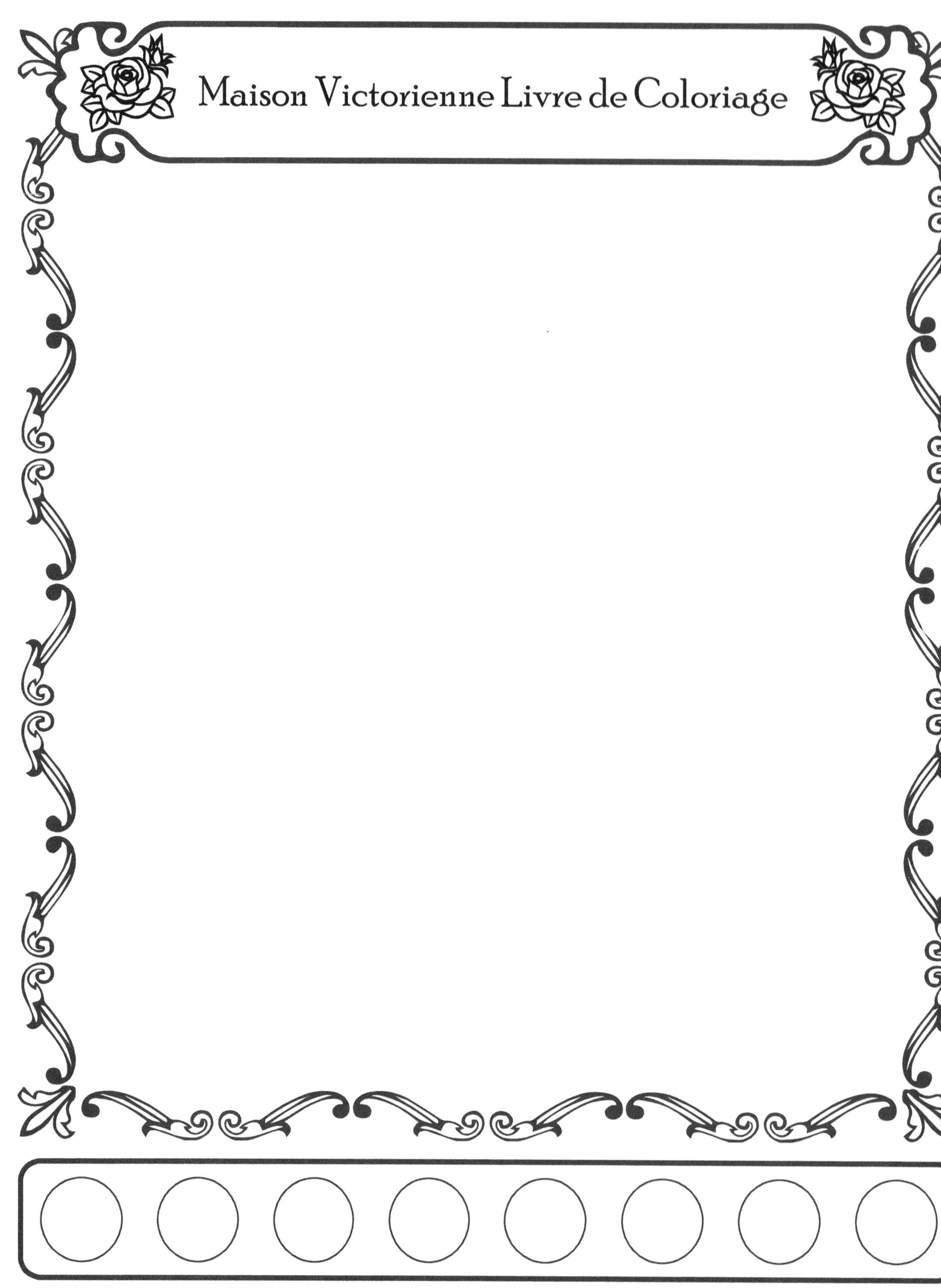

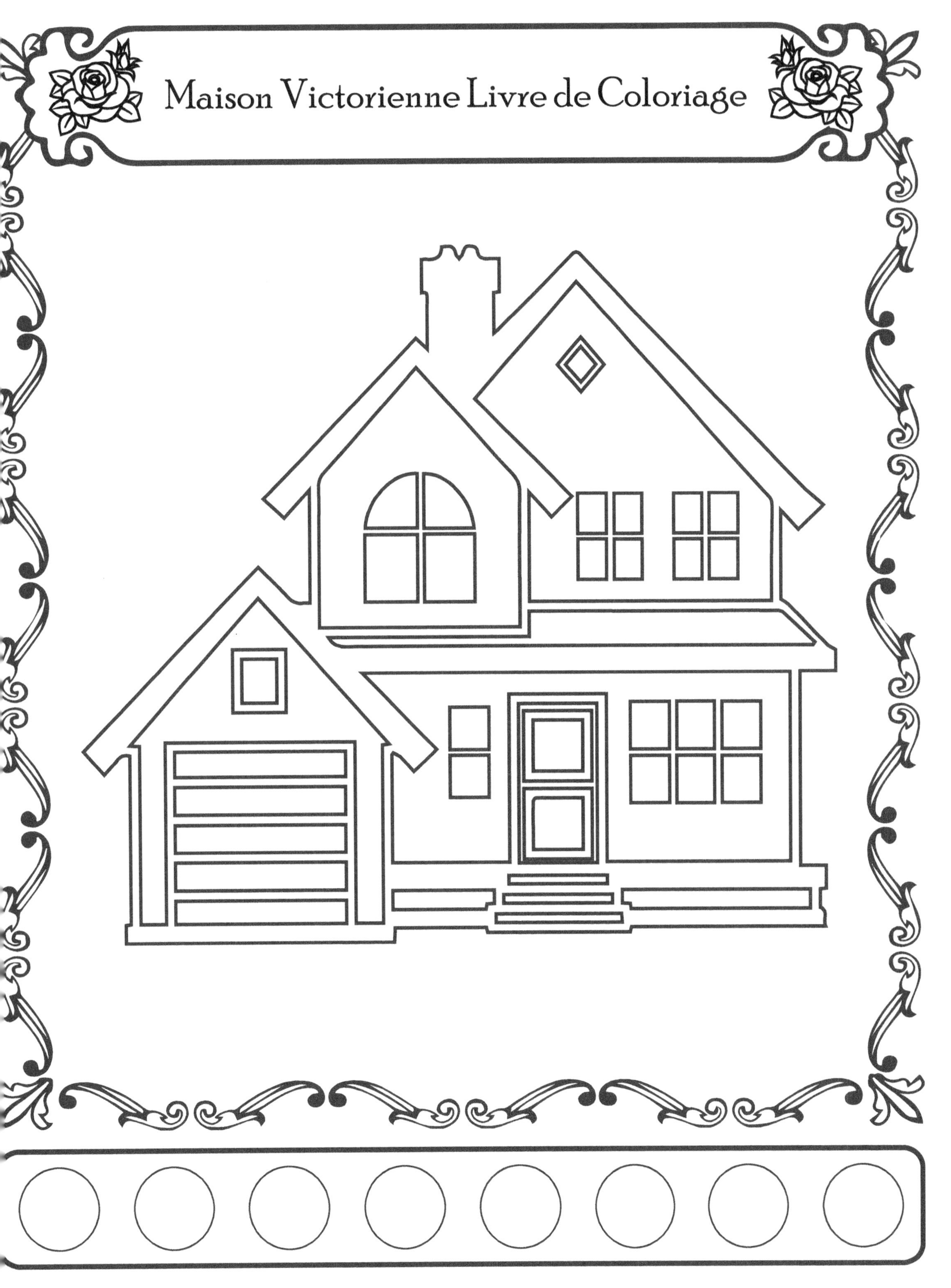

Maison Victorienne Livre de Coloriage

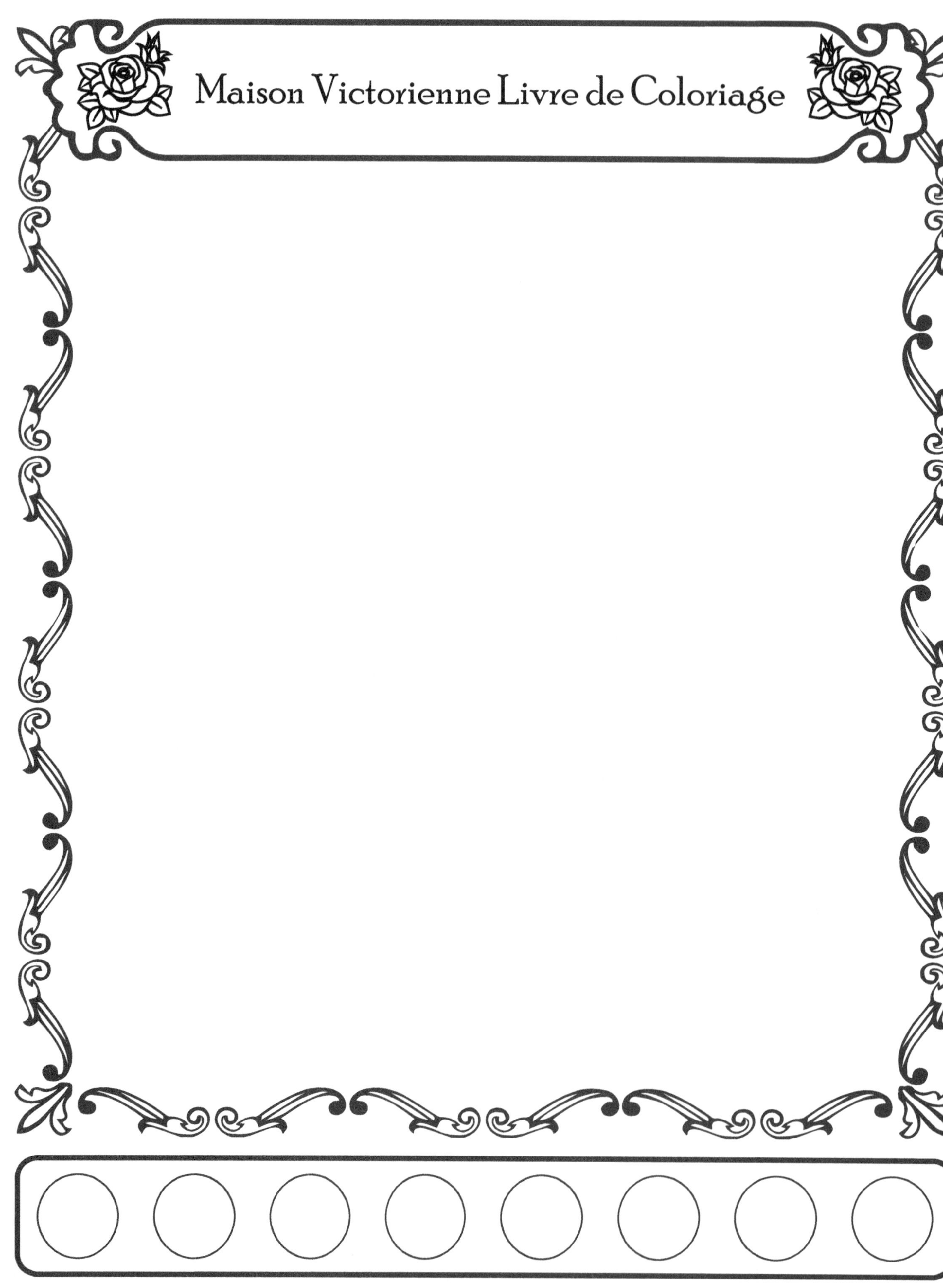
Maison Victorienne Livre de Coloriage

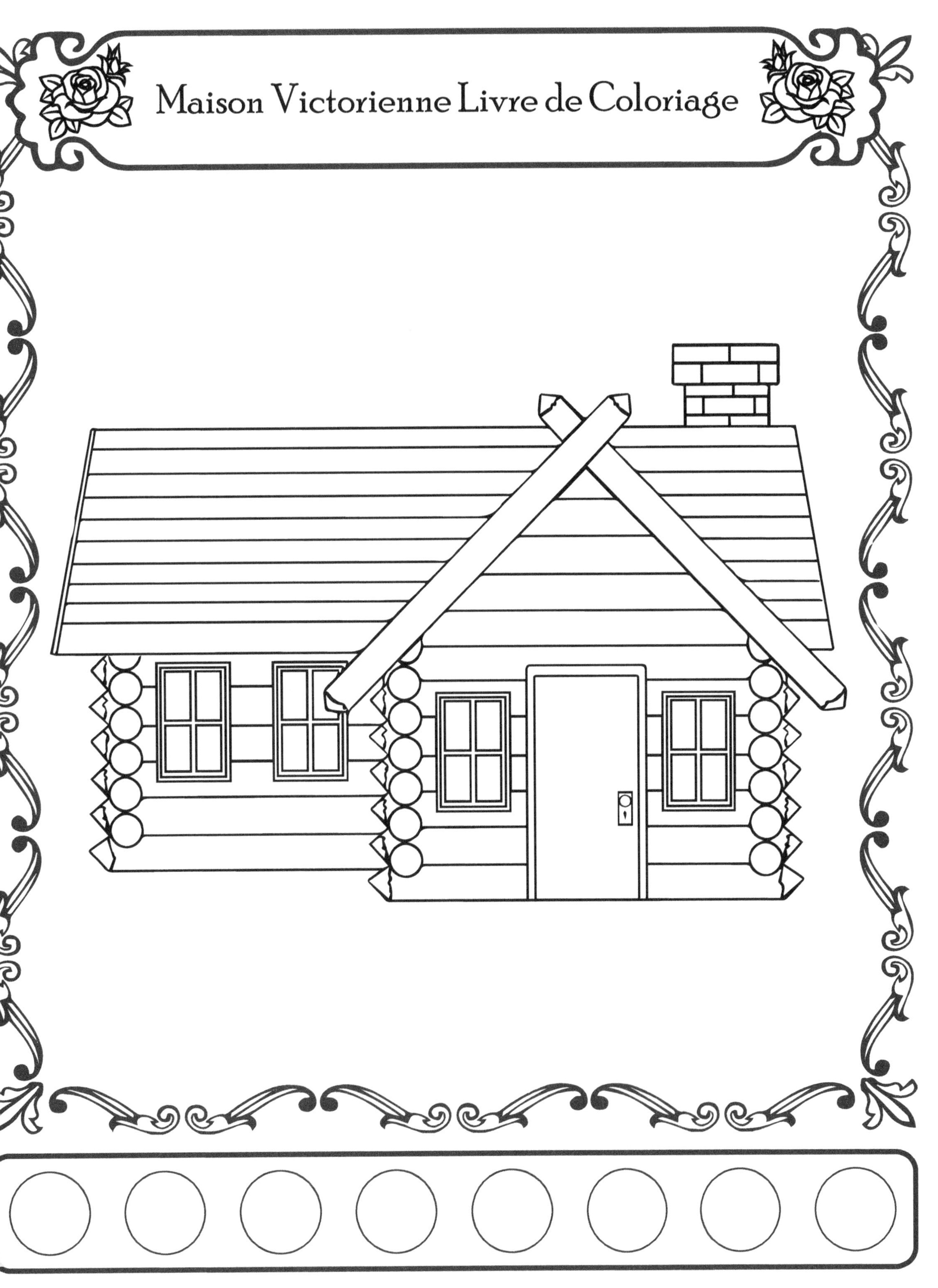

Maison Victorienne Livre de Coloriage

Maison Victorienne Livre de Coloriage

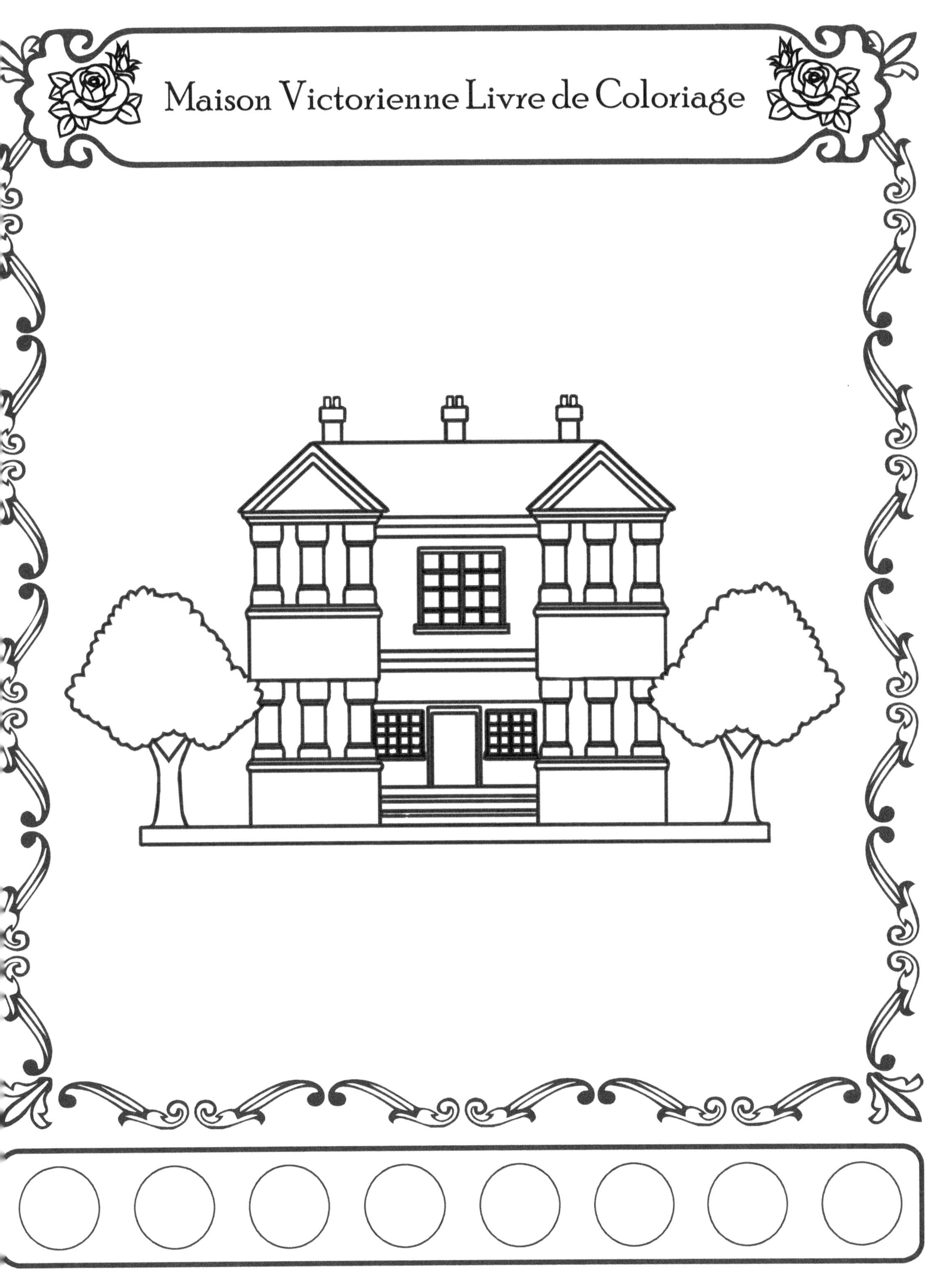

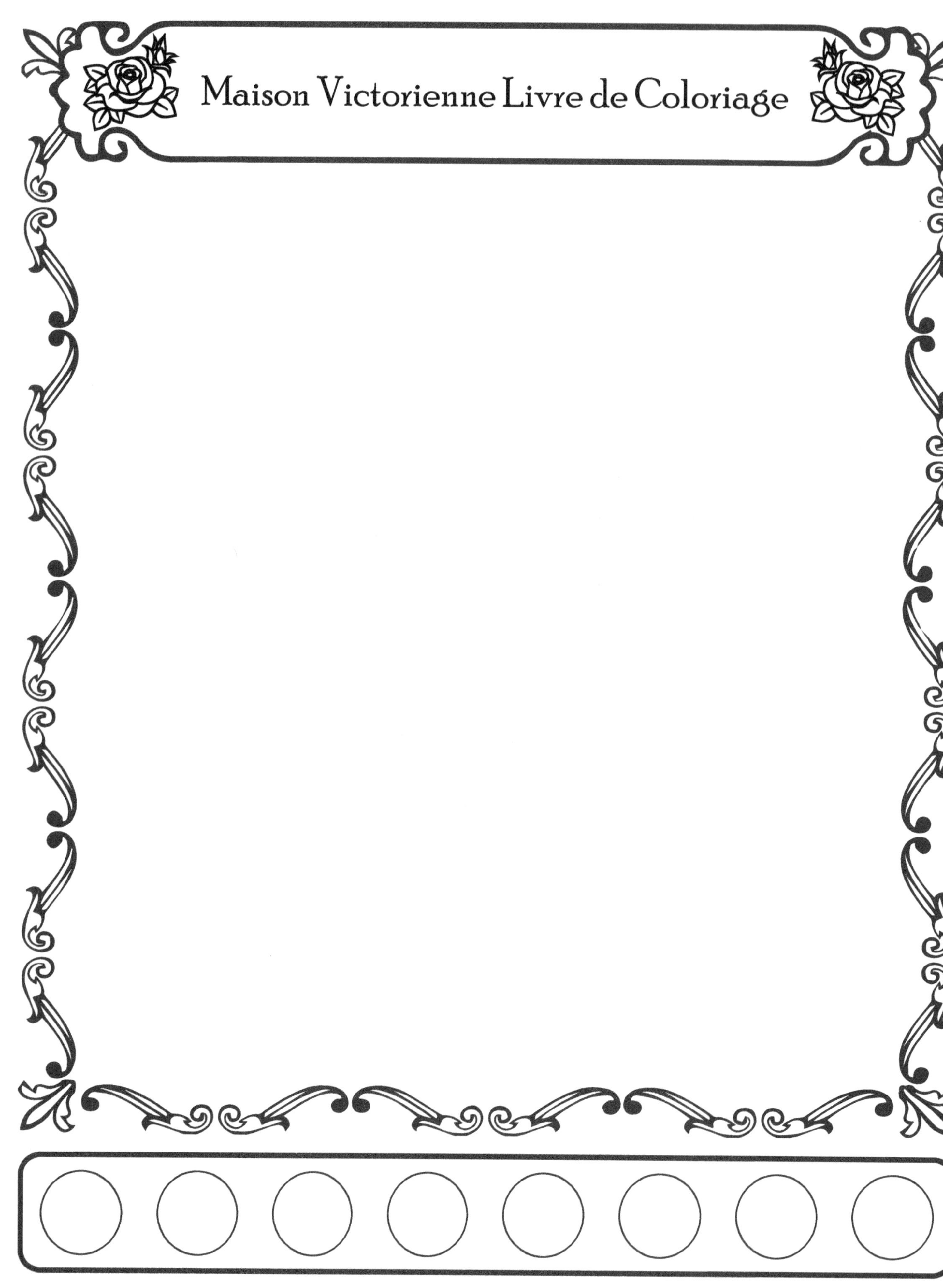

Maison Victorienne Livre de Coloriage

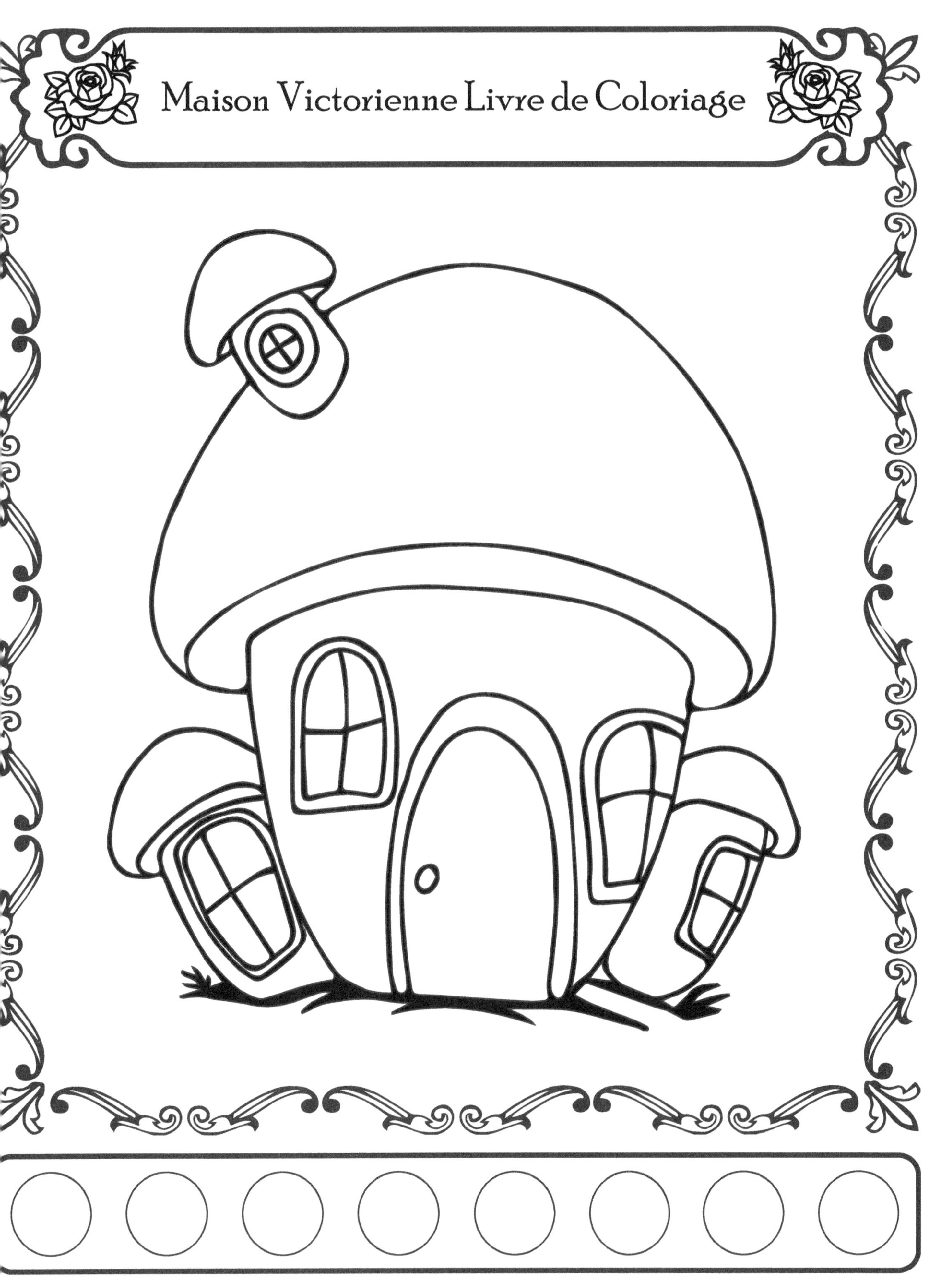

Maison Victorienne Livre de Coloriage

Maison Victorienne Livre de Coloriage

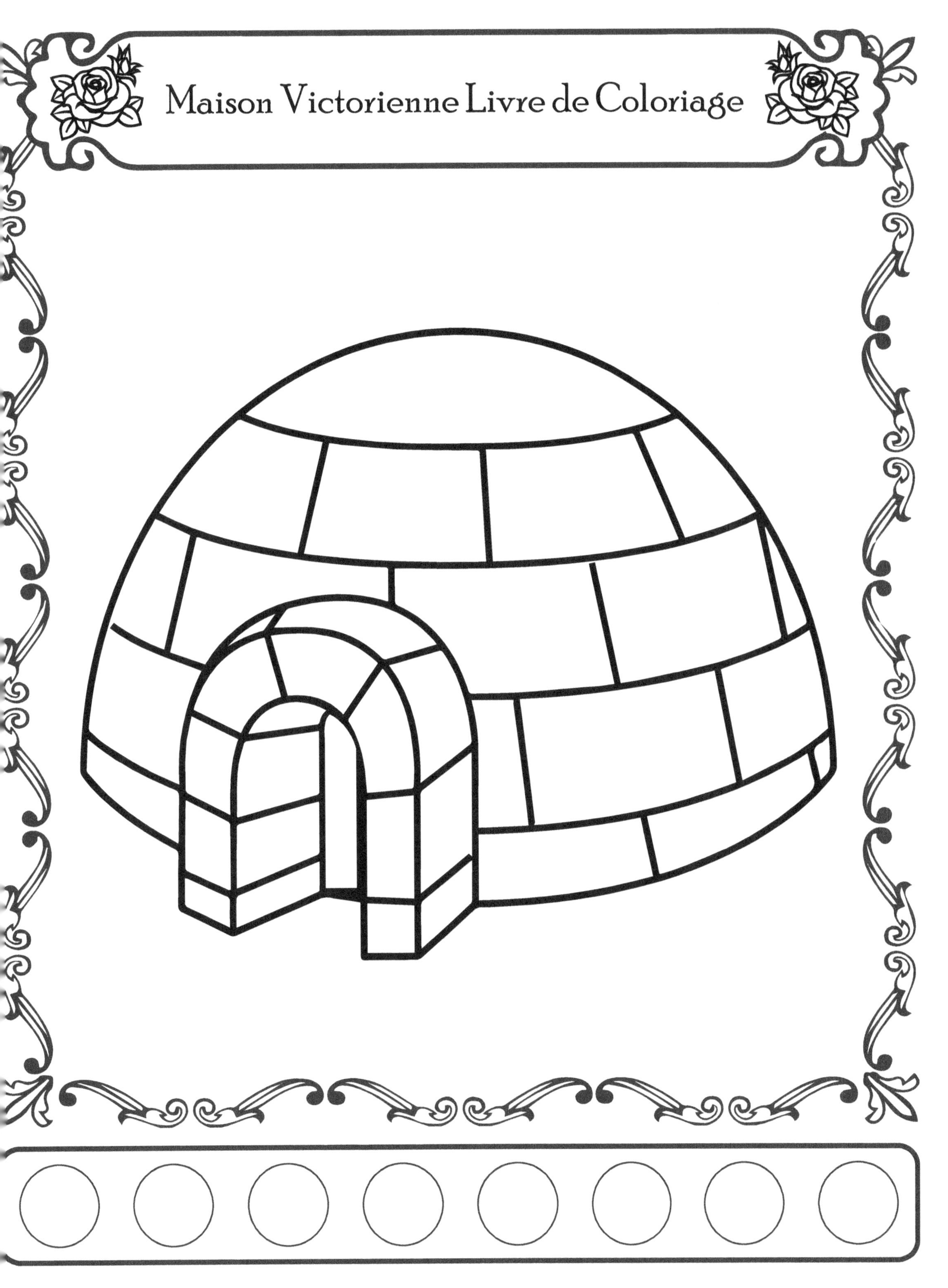

Maison Victorienne Livre de Coloriage

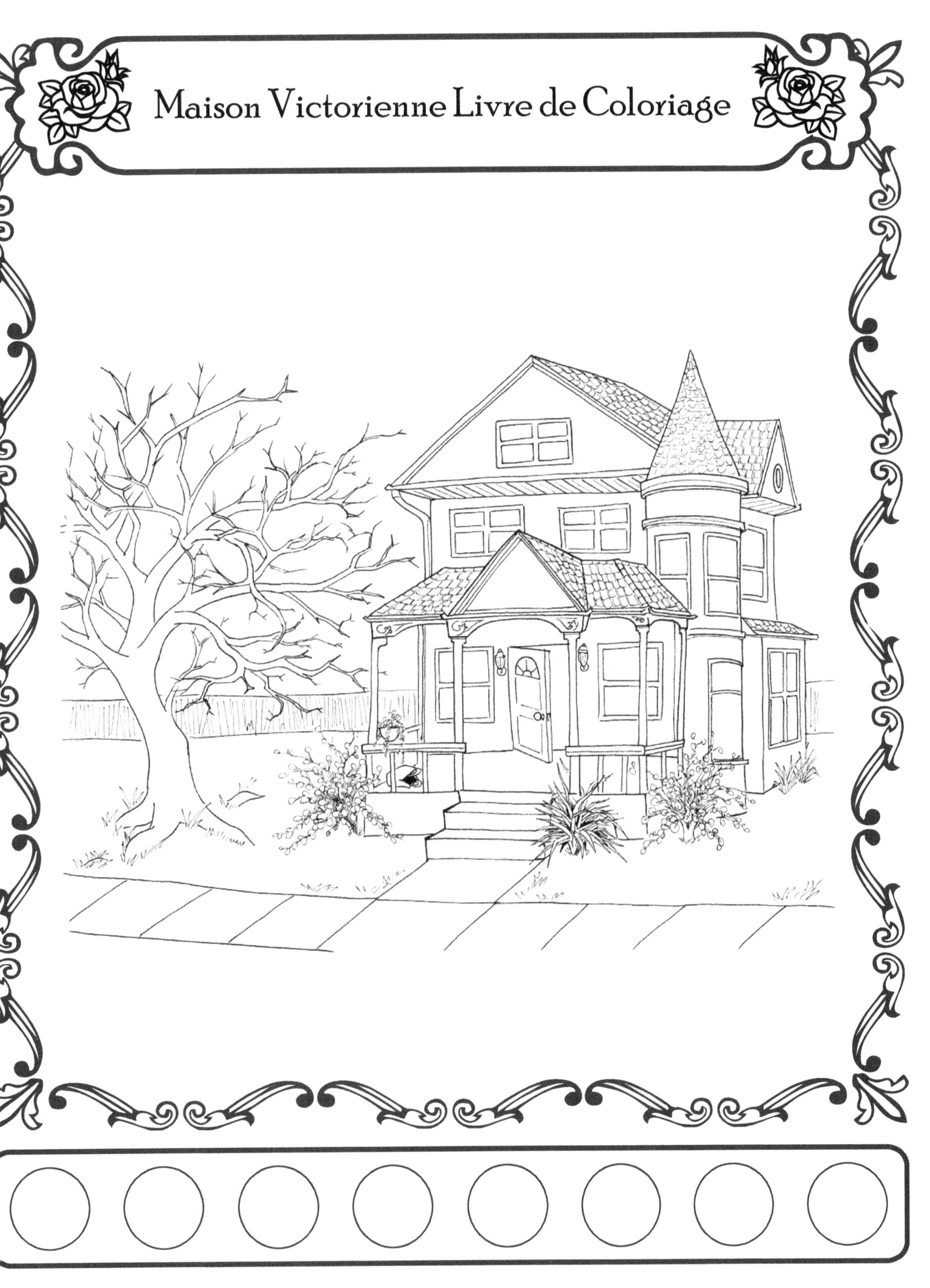

Maison Victorienne Livre de Coloriage

Maison Victorienne Livre de Coloriage

Maison Victorienne Livre de Coloriage

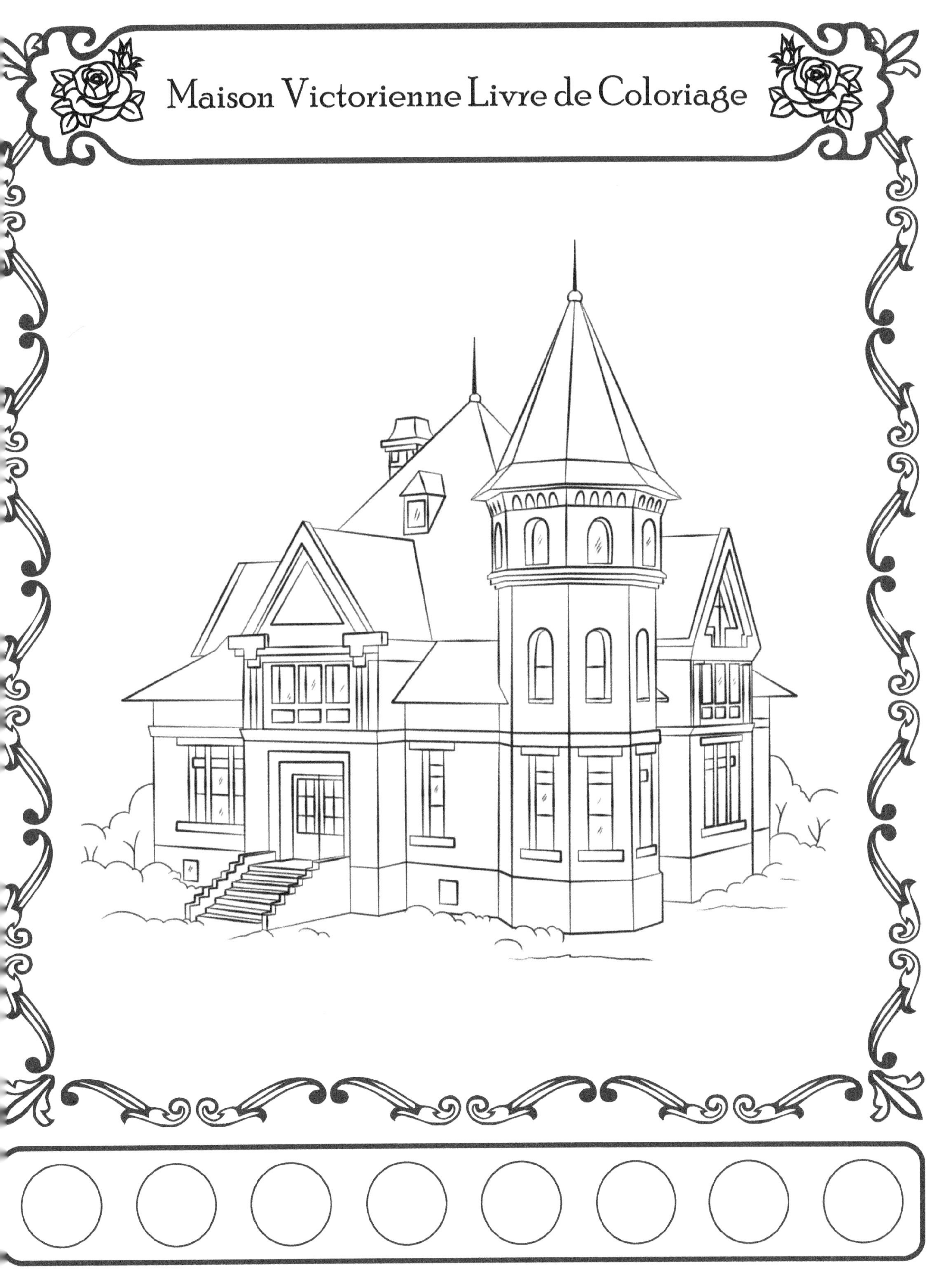

Maison Victorienne Livre de Coloriage

Maison Victorienne Livre de Coloriage

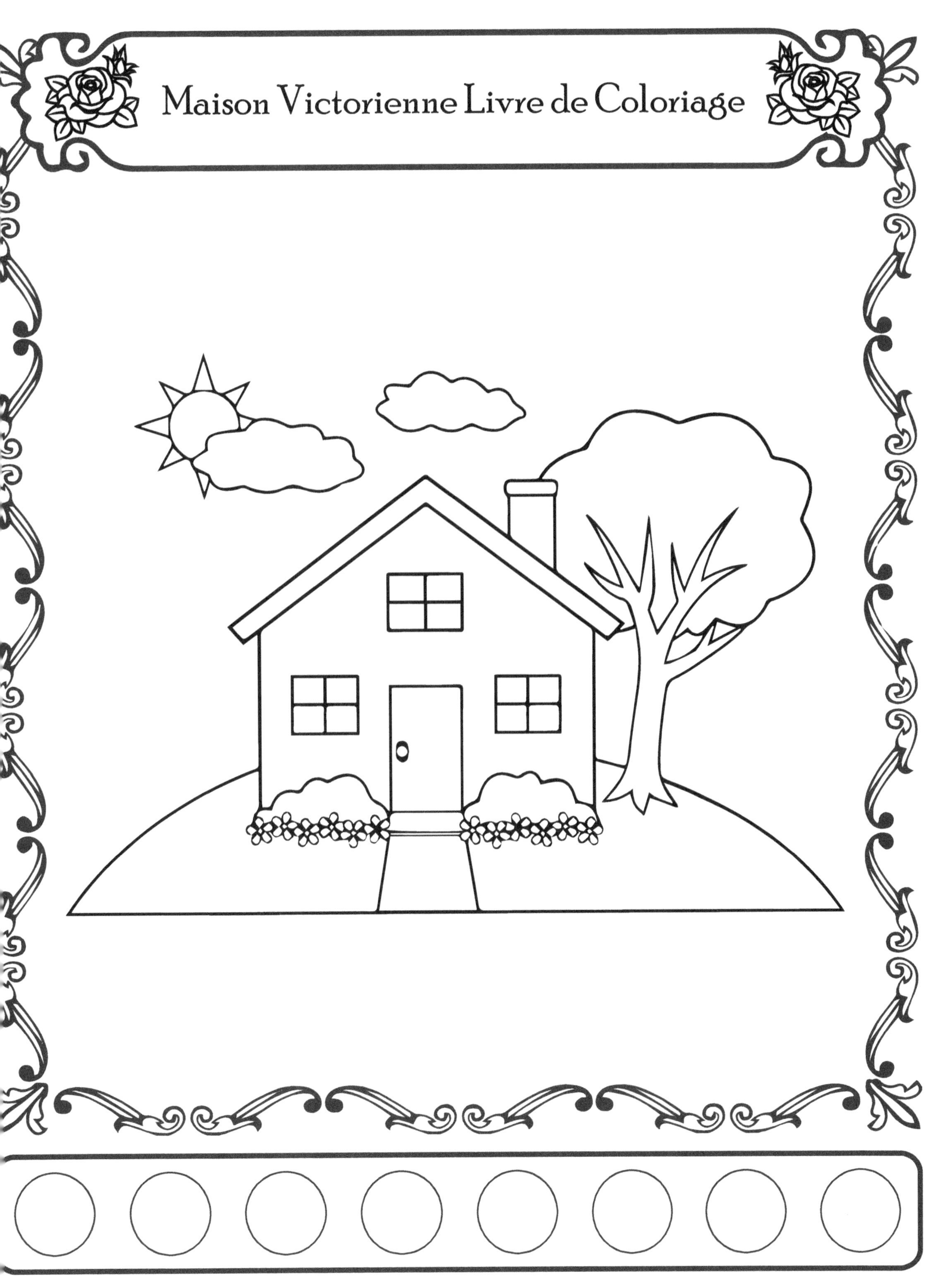

Maison Victorienne Livre de Coloriage

Maison Victorienne Livre de Coloriage

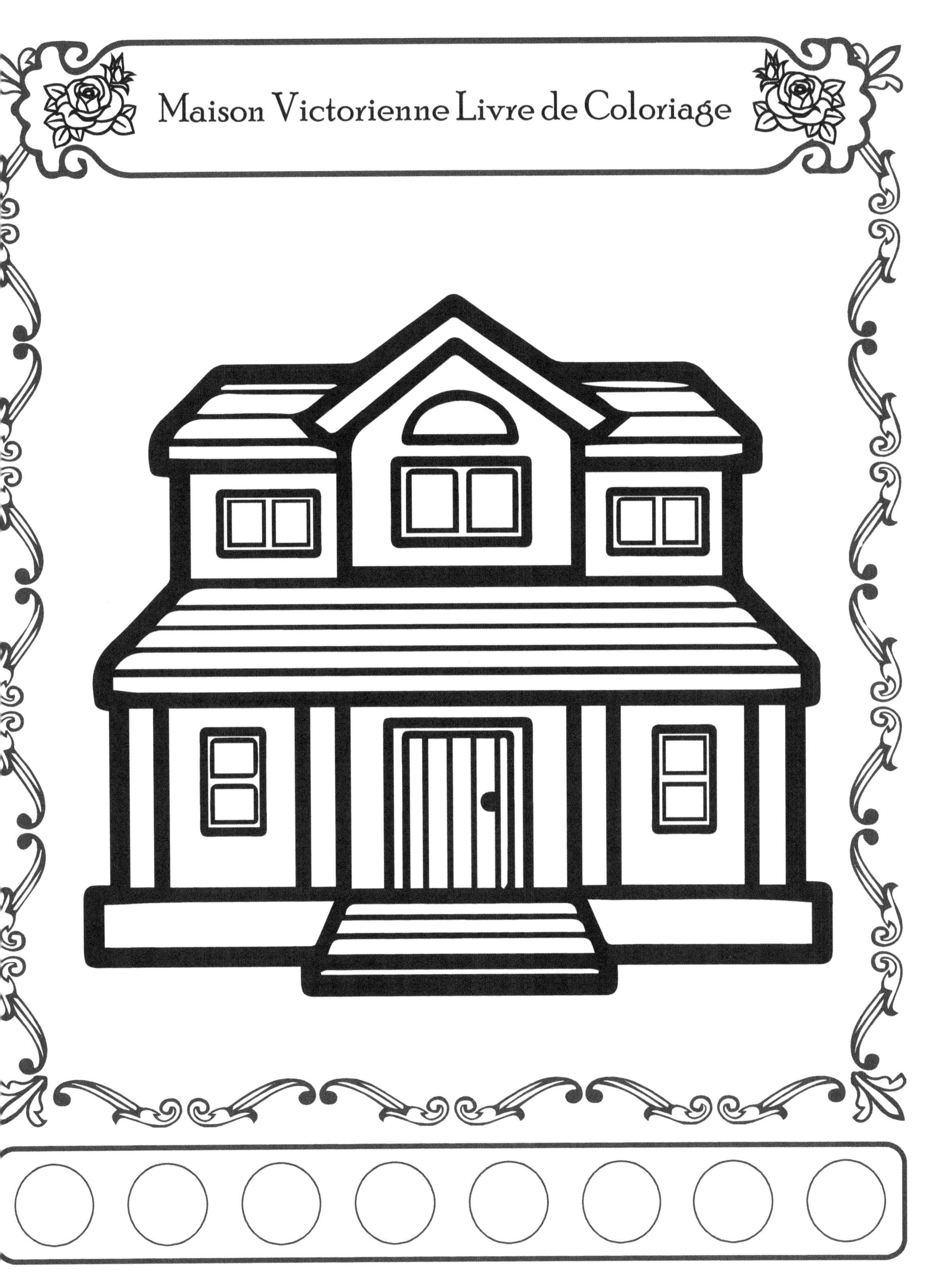

Maison Victorienne Livre de Coloriage